Günther Plamenig

Der Vermittler

Die Macht des Dritten

Lösungen für eine komplexe Welt

Wie Unternehmen und Politik von moderner Vermittlungskunst

profitieren

Verlag Bottom up

Notizen:

Günther Plamenig

Der Vermittler

Die Macht des Dritten

Lösungen für eine komplexe Welt

Wie Unternehmen und Politik von moderner Vermittlungskunst

profitieren

Copyright: Verlag Bottom up

Birkenstrasse 14

CH- 4142 Münchenstein

E- Mail: bottomupverlag@gmail.com

Auflage 1

Ungekürzte Ausgabe:

Juni 2025   Verlag Bottom up

Umschlagseite: Yves & Günther Plamenig

Satz: Yves Plamenig

Beratung: Marketing Yves Plamenig

Vermarktung: Yves und Günther Plamenig

Danke an alle die in Zusammenhang zur Veröffentlichung diesem Buch mitgearbeitet haben. Besonderes dir ein grosses Danke Yves nochmals.

Druck: Libri Plureos GmbH, Friedensallee 273, 22763 Hamburg

ISBN 978-3-907720-63-9   EAN 9783907720639

Inhaltsverzeichnis:

Notizen:

Notizen:

Der Vermittler

In einer Welt, die sich täglich schneller dreht, in der neue Technologien, globale Verflechtungen und wachsende Unsicherheiten die Entscheidungsräume von Unternehmen und Politikern verändern, entsteht ein neues Bedürfnis: das Bedürfnis nach Vermittlung. Nicht in der alten, verstaubten Form, die zwischen Kompromiss und Aufgabe pendelte, sondern als hochprofessionelle, präzise Kunst, die Verbindungen schafft, wo vorher nur Widerstand war, und Lösungen ermöglicht, wo Stillstand drohte.

Vermittlung ist heute nicht mehr blosse Verhandlung. Sie ist Wissenschaft und Intuition zugleich. Sie verlangt ein tiefes Verständnis für die Mechanismen von Macht, Emotionen, Interessen und Strukturen. Sie erfordert die Fähigkeit, Systeme zu lesen, Menschen zu erkennen, unausgesprochene Signale zu deuten – und daraus Handlungspfade zu entwickeln, die die Beteiligten selbst oft nicht sehen können. Vermittlung ist die stille Architektur des Erfolgs in einer Zeit, die Lautstärke mit Stärke verwechselt und Geschwindigkeit mit Tiefe. Dieses Buch richtet sich an alle, die gestalten wollen: an Unternehmer, die die Innovationskraft ihrer Organisation entfesseln möchten, ohne in politischen Grabenkämpfen zu versinken. An Politiker, die echte Lösungen finden wollen, statt in endlosen Debatten zu erstarren. An Entscheider, die spüren, dass klassische Machtmittel allein nicht mehr reichen, um Systeme nachhaltig zu beeinflussen. Und an all jene, die verstanden haben, dass der Weg nach vorn selten in der blossen Durchsetzung der eigenen Position liegt, sondern in der Erschliessung neuer gemeinsamer Räume.

Die Vermittlung, von der hier die Rede ist, ist keine Schwäche. Sie ist kein Ausweichen vor Konflikt, keine Weichzeichnung von Interessen. Im Gegenteil: Sie ist die präziseste Form von Führung, die es in komplexen Systemen gibt. Sie folgt klaren wissenschaftlichen Prinzipien, basiert auf aktuellen Erkenntnissen aus Verhaltenspsychologie, Neuroökonomie, Organisationsforschung und Systemtheorie. Sie ignoriert Floskeln und Selbstinszenierung. Sie zielt auf Ergebnisse, nicht auf Statussymbole. Und sie misst sich einzig daran, ob Lösungen entstehen, die tragfähig, nachhaltig und innovativ sind. Ein moderner Vermittler versteht nicht nur die Sprache der Argumente. Er erkennt die emotionale Architektur, die hinter jeder Haltung steht. Er begreift, dass Interessen oft verdeckter sind als Worte, dass Angst subtiler ist als Widerstand, dass Loyalitäten komplexer sind als offizielle Bündnisse. Er hört nicht nur zu, was gesagt wird. Er hört auch, was verschwiegen wird. Er liest, was sich zwischen den Zeilen aufbaut. Er steuert Prozesse, ohne zu dominieren. Er schafft Ergebnisse, ohne den Beteiligten das Gefühl zu nehmen, selbst entschieden zu haben.

Vermittlung ist in dieser neuen Definition keine neutrale Zwischenstation mehr. Sie ist der aktive Gestalter unsichtbarer Systeme. Der Katalysator, der Veränderung ermöglicht, wo Kräfte sich gegenseitig lähmen. Der Impulsgeber, der neue Räume öffnet, ohne die bestehenden Werte zu zerstören. Der Vermittler wird zum unsichtbaren Schlüssel, der Türen öffnet, die andere längst für verschlossen hielten. Dieses Buch wird Ihnen nicht erzählen, dass Vermittlung einfach ist. Es wird keine Checklisten bieten, keine Standardformeln, keine Rezepte für den schnellen Erfolg. Weil die Realität komplexer ist. Weil echte Vermittlung die Fähigkeit verlangt, jeden Kontext neu zu lesen, jede Situation individuell zu erfassen und jede Dynamik mit der Präzision eines

Chirurgen zu behandeln. Es wird Ihnen jedoch zeigen, auf welchen wissenschaftlichen Grundlagen diese Arbeit beruht. Es wird erklären, wie systemisches Denken, psychologische Erkenntnisse und strategische Empathie zusammenspielen. Und es wird konkrete Prinzipien aufzeigen, die es ermöglichen, als Vermittler nicht nur zu handeln, sondern wirksam zu sein. Sie werden erfahren, warum klassische Verhandlungen oft scheitern, weil sie zu früh auf Positionen fixiert sind, und wie moderne Vermittlung stattdessen die tieferen Interessen aufdeckt. Sie werden verstehen, warum in politischen und wirtschaftlichen Systemen Lösungen oft nicht daran scheitern, dass es keinen Willen gibt, sondern daran, dass die Kommunikationsarchitektur versagt. Sie werden erleben, wie ein Vermittler neue Architekturen schafft – subtil, präzise, wirkungsvoll.

Dieses Buch ist keine Werbung für Vermittlung. Es ist eine Einladung an Menschen, die mehr wollen: mehr Wirkung, mehr Tiefe, mehr echte Veränderung. Es ist ein Werkzeug für diejenigen, die bereit sind, die Komfortzone klassischer Machtspiele zu verlassen und sich auf das Abenteuer einzulassen, Systeme wirklich zu bewegen. In den kommenden Kapiteln werden wir uns den zentralen Aspekten moderner Vermittlung widmen: der psychologischen Dynamik von Verhandlungen, der Macht der Sprache, den unsichtbaren Mechanismen von Vertrauen und Misstrauen, den Grenzen klassischer Entscheidungsprozesse und den Möglichkeiten, die entstehen, wenn Vermittlung neu gedacht wird. Wir werden den Vermittler als Figur untersuchen: seine innere Haltung, seine Werkzeuge, seine Verantwortung. Wir werden beleuchten, wie er Organisationen schneller, agiler und innovativer machen kann. Und wir werden zeigen, warum gerade jetzt – in Zeiten wachsender Komplexität – der Bedarf an echter Vermittlung so gross ist wie nie zuvor. Dieses Buch ist zugleich ein Angebot. Nicht in aufdringlicher Form, nicht als laute Selbstdarstellung, sondern als leiser Hinweis: Wenn Sie in Ihrem Unternehmen oder in Ihrer politischen Organisation spüren, dass die bisherigen Wege nicht mehr genügen, dass Entscheidungen stocken, dass Potenziale blockiert sind – dann könnte ein Vermittler der Schlüssel sein, den Sie gesucht haben. Es ist ein Angebot an alle, die Veränderung nicht als Risiko, sondern als Chance begreifen. An alle, die verstehen, dass die wahre Macht nicht in der Beherrschung, sondern in der Ermöglichung liegt. Und an alle, die bereit sind, neue Wege zu gehen.

Willkommen in der Welt der Vermittlung.

Kapitel 1. Vermittlung in einer neuen Ära – Warum die alte Sprache der Macht nicht mehr reicht

In den vergangenen Jahrhunderten war Macht oft eine einfache Angelegenheit. Wer die Ressourcen hatte, diktierte die Bedingungen. Wer Befehle geben konnte, setzte sich durch. Führung, sowohl in der Wirtschaft als auch in der Politik, basierte auf Hierarchien, auf Kontrolle, auf der Kunst der Durchsetzung. Vermittlung wurde allenfalls als Notlösung betrachtet, als Strategie für Schwache, als Werkzeug für jene, die sich nicht trauten, ihren Willen mit Nachdruck durchzusetzen. Doch diese Welt existiert nicht mehr. Die Spielregeln haben sich verändert, tiefgreifender, als vielen bewusst ist. Und mit ihnen hat sich die Bedeutung von Vermittlung grundlegend gewandelt.

Die alte Sprache der Macht – Befehlen, Fordern, Unterwerfen – ist heute vielfach wirkungslos. In einer globalisierten, hochgradig vernetzten Welt, in der Informationen, Kapital und Ideen in Lichtgeschwindigkeit zirkulieren, stösst rohe Machtausübung schnell an ihre Grenzen. Unternehmen, die versuchen, Mitarbeiter mit autoritären Mitteln zu steuern, verlieren die besten Talente. Politiker, die glauben, Widerstände einfach niederzuwalzen, erzeugen Polarisierung und lähmen Systeme. Die Fähigkeit, zu vermitteln, zu verbinden, zu orchestrieren, ist zur neuen Königsdisziplin geworden. Sie entscheidet über Erfolg und Misserfolg – leiser, aber nachhaltiger als jede Machtdemonstration. Doch was genau hat sich verändert? Warum reicht die alte Sprache der Macht nicht mehr aus? Und was bedeutet das für jene, die gestalten wollen? Um diese Fragen zu beantworten, müssen wir tiefer gehen – unter die Oberfläche von Schlagzeilen und Managementtheorien, hinein in die psychologischen, sozialen und systemischen Grundlagen unserer Zeit.

1. Die Entwertung der autoritären Steuerung

Autorität basierte über Jahrhunderte auf Knappheit. Wer Informationen kontrollierte, kontrollierte die Deutungshoheit. Wer Kapital besass, kontrollierte Ressourcen. Wer militärische oder politische Macht hatte, kontrollierte Territorien und Menschen. In einer solchen Welt funktionierten Befehle, weil es wenige Alternativen gab. Heute jedoch ist Knappheit vielfach in Überfluss umgeschlagen – zumindest in Bezug auf Wissen, Kommunikation und Optionen.

Mitarbeiter können jederzeit Informationen abrufen, sich vernetzen, Alternativen finden. Kunden können zwischen unzähligen Anbietern wählen, Investoren zwischen unzähligen Märkten. Bürger haben Zugang zu globalen Diskursen, zu Fakten, zu Netzwerken. Diese neue Struktur macht autoritäre Steuerung ineffektiv. Menschen lassen sich nicht mehr einfach führen, sie müssen überzeugt werden. Systeme lassen sich nicht mehr dirigieren, sie müssen gestaltet werden.

In dieser neuen Realität verliert die alte Machtform ihren Griff. Wo früher Kontrolle durch Informationsvorsprung möglich war, gibt es heute Transparenz. Wo früher Unterordnung durch Abhängigkeit funktionierte, existiert heute Wahlfreiheit. Und wo früher Angst ein effektives Steuerungsinstrument war, erzeugt sie heute Widerstand, Abwanderung oder systemische Blockade.

2. Die Komplexität moderner Systeme

Früher waren Organisationen oft linear strukturiert: klare Aufgaben, klare Ziele, klare Befehlsketten. Heute gleichen sie komplexen Ökosystemen. Unternehmen sind Netzwerke von Fachkräften, Dienstleistern, Kunden und Partnern. Politische Systeme sind keine monolithischen Blöcke mehr, sondern fragile Balanceakte zwischen Interessen, Koalitionen und globalen Dynamiken. In komplexen Systemen wirken lineare Steuerungsversuche oft kontraproduktiv. Kleine Eingriffe können grosse, unvorhersehbare Wirkungen entfalten. Direkte Befehle erzeugen Nebenwirkungen, die das System destabilisieren. Kontrolle wird zur Illusion.

Komplexe Systeme erfordern deshalb eine neue Kunst der Einflussnahme: keine direkte Steuerung mehr, sondern intelligente Rahmensetzung, sensible Impulsgebung, behutsame Lenkung von Dynamiken. Und genau hier beginnt die Domäne des modernen Vermittlers.

Ein Vermittler versteht die Sprache komplexer Systeme. Er weiss, dass jede Intervention Auswirkungen weit über den ersten Adressaten hinaus haben kann. Er erkennt Muster, liest Spannungsfelder, erspürt Kräfteverhältnisse. Und er agiert so, dass das System sich selbst in Richtung der gewünschten Lösung bewegt – nicht durch Zwang, sondern durch kluge Gestaltung.

3. Die emotionale Ökonomie der Gegenwart

Neben technologischer und struktureller Komplexität hat sich auch die emotionale Landschaft verändert. Menschen verlangen heute nach Sinn, nach Beteiligung, nach Wertschätzung. Arbeitnehmer erwarten mehr als Gehalt; sie wollen Entwicklung, Autonomie, Respekt. Bürger verlangen mehr als Versprechen; sie wollen Transparenz, Teilhabe, Echtheit. Führung und Einfluss müssen heute emotionale Intelligenz beweisen. Reine Durchsetzungskraft verliert gegenüber der Fähigkeit, Resonanz zu erzeugen. Entscheidungen werden nicht nur rational getroffen, sondern emotional legitimiert. Wer vermitteln kann, schafft emotionale Brücken. Wer nur befiehlt, errichtet Mauern. Der Vermittler der neuen Ära spricht die Sprache der Emotionen – nicht im Sinne manipulativer Rhetorik, sondern durch echtes Verstehen. Er erkennt, wann Worte allein nicht genügen. Er weiss, dass Widerstand oft aus Verletzung entsteht, nicht aus Prinzip. Er handelt nicht aus Schwäche, sondern aus der strategischen Einsicht, dass echte Lösungen die emotionale Architektur der Beteiligten berücksichtigen müssen.

4. Die Renaissance der Kooperation

Je komplexer Herausforderungen werden, desto mehr sind sie auf Kooperation angewiesen. Kein Unternehmen, kein Staat, kein Akteur kann heute noch isoliert Erfolg haben. Innovation entsteht an Schnittstellen. Fortschritt entsteht durch Kooperation, nicht durch Konfrontation.

Doch Kooperation ist kein Selbstläufer. Sie erfordert Vertrauen, gegenseitiges Verstehen, Ausgleich unterschiedlicher Interessen. Und hier versagt die alte Sprache der Macht: Sie kann Kooperation fordern, aber nicht erzeugen. Sie kann Allianzen befehlen, aber keine Loyalität schaffen. Der Vermittler schafft Kooperation nicht durch Druck, sondern durch Architektur: Er gestaltet Rahmenbedingungen, die Vertrauen ermöglichen. Er baut Brücken zwischen unterschiedlichen Logiken. Er löst Unsicherheiten auf, bevor sie Misstrauen erzeugen. Er sorgt dafür, dass Kooperation nicht erzwungen, sondern gewollt wird.

5. Vermittlung als Führungsinstrument

Die wichtigste Erkenntnis ist: Vermittlung ist keine Flucht vor Führung, sondern die höchste Form moderner Führung selbst. Sie ist kein Zeichen von Unsicherheit, sondern von strategischer Exzellenz. Ein Vermittler führt nicht durch Machtmittel, sondern durch Einfluss auf Systeme. Er steuert nicht über Befehle, sondern über Gestaltung von Dynamiken. Ein moderner Leader agiert als Vermittler: Er erkennt die unsichtbaren Kräfte, die Organisationen formen. Er lenkt, ohne zu diktieren. Er gestaltet Räume, in denen Menschen wachsen und Systeme sich entwickeln können. Und er versteht, dass die eigene Person dabei oft in den Hintergrund treten muss, um Wirkung zu entfalten.

Macht in der neuen Ära ist die Fähigkeit, andere zu befähigen. Erfolg ist die Kunst, Systeme klug zu orchestrieren. Und Führung ist die Meisterschaft, komplexe Realitäten durch Vermittlung zu gestalten.

6. Fallstricke traditioneller Führung – Warum Macht oft zur Falle wird

Viele, die in klassischen Führungsmodellen aufgewachsen sind, glauben weiterhin, dass Durchsetzungskraft die ultimative Fähigkeit sei. Entscheidungen, so das alte Paradigma, müssten hart getroffen, Widerstände gebrochen, Zweifel unterdrückt werden. Doch genau diese Denkweise ist es, die heute ganze Systeme lähmt.

Wer Macht als Monolog versteht, übersieht die stille Dynamik moderner Systeme. In komplexen Umgebungen erzeugen harte Entscheidungen selten klare Fortschritte. Stattdessen erzeugen sie unsichtbaren Widerstand, kulturelle Risse und systemisches Misstrauen. Entscheidungen mögen formal durchgesetzt sein – doch innerlich sträuben sich die Beteiligten, arbeiten gegenläufig oder kapseln sich ab. Viele Krisen, die als ökonomische oder politische Misserfolge erscheinen, sind in Wahrheit Kommunikations-

und Vermittlungskrisen. Sie sind das Ergebnis fehlender Einbindung, mangelnder Resonanz, übersehener emotionaler Realitäten. Wer in komplexen Organisationen ausschliesslich befiehlt, produziert stille Boykotte und schleichende Erosion.

Der moderne Vermittler erkennt diese Fallstricke. Er versteht, dass Entscheidungen, die gegen das System getroffen werden, keine Nachhaltigkeit besitzen. Er weiss, dass echte Umsetzung nur dort stattfindet, wo ein innerer Konsens gewachsen ist – und dass dieser Konsens nicht durch Druck, sondern durch kluge Vermittlung entsteht.

7. Wissenschaftliche Fundamente der modernen Vermittlung

Die Psychologie liefert heute klare Belege dafür, warum Vermittlung wirkungsvoller ist als rohe Durchsetzung. Studien zur Verhaltensökonomie, insbesondere zur Verlustaversion und zur kognitiven Dissonanz, zeigen, dass Menschen Widerstand entwickeln, wenn sie sich übergangen fühlen. Sie kämpfen nicht primär gegen die Sache – sie kämpfen für den Erhalt ihrer Autonomie und Würde.

Neurowissenschaftliche Erkenntnisse zeigen zudem, dass emotionale Bedrohung – etwa durch autoritäre Führung – dieselben Stresszentren im Gehirn aktiviert wie physische Gefahren. Das Ergebnis: defensive Reaktionen, eingeschränktes kreatives Denken, reduzierte Problemlösefähigkeit.

Systemtheorie und moderne Managementforschung bestätigen ebenfalls: In komplexen, adaptiven Systemen kann Kontrolle nicht von aussen oktroyiert werden. Systeme reagieren dynamisch, oft paradox. Einfluss kann nur durch das gezielte Setzen von Rahmenbedingungen, durch Sinnstiftung und durch Impulsgebung ausgeübt werden. Vermittlung ist somit keine alternative Option. Sie ist – wissenschaftlich betrachtet – die einzige zeitgemässe Strategie für nachhaltige Steuerung komplexer Systeme.

8. Profile erfolgreicher Vermittler – Wer heute wirklich Wirkung entfaltet

Wenn man sich die Biografien der einflussreichsten Akteure unserer Zeit anschaut – ob in Wirtschaft, Politik oder Kultur –, fällt auf: Ihre Wirksamkeit basiert nicht auf Lautstärke, sondern auf Resonanz. Nicht auf Härte, sondern auf architektonischer Intelligenz. Sie bewegen andere, ohne sich aufzudrängen. Sie orchestrieren Entwicklungen, statt sie zu diktieren.

Diese Vermittler verfügen über eine Reihe charakteristischer Fähigkeiten:

• Systemische Intuition: Sie erkennen Muster, Spannungen und Entwicklungsdynamiken oft lange bevor sie sichtbar werden.

• Emotionale Präzision: Sie spüren emotionale Stimmungen im Raum, deuten Mikroreaktionen, verstehen unausgesprochene Bedürfnisse.

• Sprachliche Exzellenz: Ihre Worte treffen, weil sie präzise auf emotionale und kognitive Resonanzfelder abgestimmt sind.

• Strategische Geduld: Sie wissen, wann sie eingreifen müssen – und wann Nicht-Handeln die klügere Intervention ist.

• Ethik der Unsichtbarkeit: Sie nehmen sich selbst zurück, um Systeme in ihrer Eigenbewegung zu stärken.

Es sind diese Qualitäten, die echte Vermittlung von blosser Moderation oder Manipulation unterscheiden. Ein Vermittler agiert nicht für seine eigene Eitelkeit. Er arbeitet im Dienst der Sache – und wird gerade dadurch unersetzlich.

9. Praktische Beispiele – Vermittlung als Katalysator echten Wandels

Betrachten wir zwei Fallbeispiele: Fall 1: Unternehmensfusion

Zwei traditionsreiche Firmen, beide mit starker Unternehmenskultur, stehen vor einer Fusion. Das Management will schnelle Synergien heben, die Belegschaften sind misstrauisch, Ängste kursieren. Klassische Ansätze – Befehle zur Anpassung, Druck auf Performance – scheitern kläglich. Erst der Einsatz eines Vermittlers, der die emotionalen Realitäten anspricht, offene Dialogräume schafft und gemeinsame Narrative entwickelt, ermöglicht eine echte Integration. Nicht durch Zwang, sondern durch stille Transformation.

Fall 2: Politische Allianzbildung

In einem zersplitterten Parlament sind Mehrheiten instabil. Koalitionen brechen auseinander, weil jede Partei auf ihren Maximalforderungen beharrt. Erst ein Vermittler, der die tieferen Interessen hinter den ideologischen Positionen herausarbeitet und kreative Brückenlösungen anbietet, ermöglicht eine tragfähige Zusammenarbeit – jenseits der öffentlichen Schlagabtausche.

Diese Beispiele zeigen: Vermittlung ist nicht Schwäche. Sie ist die stille Architektur nachhaltiger Lösungen.

10. Erste Prinzipien für Vermittlung in Wirtschaft und Politik

Die Vermittlung moderner Prägung folgt klaren Prinzipien:

• Prinzip 1: Resonanz vor Argumentation.

Es genügt nicht, recht zu haben. Entscheidend ist, emotional Anschluss zu finden.

- Prinzip 2: Interessen vor Positionen.

Verhandelt wird nicht über Forderungen, sondern über Bedürfnisse.

- Prinzip 3: Dynamik vor Struktur.

Systeme werden nicht neu geordnet, indem man sie neu aufteilt, sondern indem man ihre inneren Bewegungen verändert.

- Prinzip 4: Unsichtbarkeit vor Präsenz.

Die wirksamste Vermittlung lässt sich nicht an der Sichtbarkeit des Vermittlers messen, sondern an der Nachhaltigkeit der Ergebnisse.

- Prinzip 5: Präzision vor Geschwindigkeit.

Schnelle Lösungen sind selten tragfähig. Wirkliche Vermittlung nimmt sich Zeit für präzises Verstehen. Diese Prinzipien markieren den Weg von der klassischen Machtlogik hin zur Vermittlungskompetenz als zentralem Führungselement.

Notizen:

Notizen:

Kapitel 2. Die unsichtbare Hand – Was ein moderner Vermittler wirklich bewirkt

In einer Welt, in der Veränderungen sich nicht mehr in geordneten Bahnen vollziehen, sondern in Wellen und Brüchen, ist die Vorstellung eines Vermittlers, der von aussen in Systeme eingreift, grundlegend überholt. Ein moderner Vermittler ist kein externer Steuermann, kein lauter Akteur, der das Ruder an sich reisst. Vielmehr gleicht er einer unsichtbaren Hand, die Dynamiken so präzise beeinflusst, dass Systeme beginnen, sich selbst in Richtung Lösung zu bewegen, ohne dass der Einfluss von aussen überhaupt bewusst wahrgenommen wird. Es ist diese stille, aber hochwirksame Kunst, die Vermittlung im 21. Jahrhundert definiert – als zentrale Führungsdisziplin für jene, die in Politik und Wirtschaft echte Transformationen ermöglichen wollen.

Die unsichtbare Hand des Vermittlers wirkt nicht auf der Ebene der sichtbaren Symptome. Sie greift nicht direkt in Entscheidungen oder Strukturen ein. Stattdessen arbeitet sie im Untergrund der Systeme: auf der Ebene der Beziehungen, der Emotionen, der unausgesprochenen Interessen, der impliziten Erwartungen. Ein moderner Vermittler erkennt früh, wo Spannungen entstehen, wo Unsicherheiten unter der Oberfläche wachsen, wo Misstrauen beginnt, das System zu vergiften. Und er setzt genau dort an, wo Veränderung noch möglich ist, bevor Fronten sich verhärten und Blockaden unumkehrbar werden.

Was einen Vermittler in dieser neuen Zeit auszeichnet, ist seine Fähigkeit, Systeme als lebendige Organismen zu verstehen. Unternehmen, politische Organisationen, Netzwerke – sie alle folgen eigenen inneren Gesetzmässigkeiten. Sie reagieren empfindlich auf

Störungen, sie entwickeln Eigenlogiken, sie besitzen kollektive Emotionen, die sich nicht durch formale Hierarchien steuern lassen. Der Vermittler beobachtet diese subtilen Bewegungen mit der Sensibilität eines Biologen, der ein empfindliches Ökosystem studiert. Er interveniert nicht brachial, sondern mit minimalinvasiver Präzision, setzt Impulse, die kaum sichtbar, aber hochwirksam sind, weil sie die inneren Dynamiken in neue Bahnen lenken.

In dieser Rolle kommt dem Vermittler eine besondere Verantwortung zu. Denn seine Macht liegt gerade in seiner Unsichtbarkeit. Er besitzt die Fähigkeit, Systeme zu verändern, ohne dass die Beteiligten sich über den vollen Umfang seiner Einflussnahme bewusstwerden. Diese Macht könnte missbraucht werden – und genau deshalb ist ethische Klarheit die Grundlage jeder Vermittlung, die diesen Namen verdient. Der Vermittler wirkt nicht im eigenen Interesse. Er verfolgt keine versteckten Agenden. Sein Ziel ist nicht die Manipulation, sondern die Ermöglichung: die Schaffung von Lösungen, die tragfähig, fair und im besten Interesse aller Beteiligten sind.

Die Kunst der unsichtbaren Vermittlung erfordert eine spezifische Haltung. Sie verlangt Demut gegenüber der Komplexität der Systeme, Respekt vor den Perspektiven der Beteiligten, Geduld im Angesicht langsamer Prozesse. Sie verlangt die Fähigkeit, eigene Bedürfnisse und Eitelkeiten vollständig zurückzustellen, um im Dienste der Sache zu handeln. Der Vermittler ist kein Held, kein Retter, kein dominanter Akteur. Er ist derjenige, der die Bühne bereitet, auf der andere wachsen, Entscheidungen treffen und Veränderungen herbeiführen können. Der Einfluss eines Vermittlers zeigt sich oft erst im Nachhinein. Lösungen erscheinen organisch, als hätten sie sich von selbst ergeben. Konflikte lösen sich scheinbar von innen heraus auf. Blockaden verschwinden, ohne dass ein äusserer Druck spürbar gewesen wäre. Diese scheinbare Mühelosigkeit ist das Ergebnis hochpräziser Arbeit, die auf einem tiefen Verständnis der systemischen, psychologischen und emotionalen Dynamiken beruht. Vermittlung ist keine Magie, aber sie wirkt oft magisch, weil sie Transformation ermöglicht, ohne Widerstand hervorzurufen. In wirtschaftlichen Organisationen bewirkt die unsichtbare Hand des Vermittlers oft den Unterschied zwischen stagnierenden Change-Prozessen und echter Transformation. Während klassische Change-Programme häufig daran scheitern, dass sie von oben verordnet und von unten blockiert werden, gelingt es dem Vermittler, Veränderung so in das System einzuspeisen, dass sie von innen herauswächst. Er aktiviert die intrinsischen Veränderungskräfte einer Organisation, schafft Räume für Dialog, baut psychologische Sicherheit auf, löst alte Loyalitäten sanft auf und ermöglicht neue Allianzen. Veränderung wird nicht erzwungen. Sie wird eingeladen – und dadurch nachhaltig. In politischen Kontexten entfaltet sich die Wirkung eines Vermittlers oft noch subtiler. Hier wirken Loyalitäten, Ideologien und Machtinteressen in hochkomplexen Geflechten zusammen.

Offene Einflussnahme wird sofort abgewehrt, jede Intervention politisch interpretiert. Der Vermittler muss daher noch feiner arbeiten. Er versteht, dass Lösungen in der Politik oft nicht durch direkte Verhandlungen entstehen, sondern durch das Schaffen neuer Erzählungen, die alte Fronten überwinden. Er weiss, wie Narrative entstehen, wie emotionale Identitäten sich verändern lassen, wie neue Koalitionen leise wachsen, lange bevor sie sichtbar werden. Die Werkzeuge des modernen Vermittlers sind nicht laute Argumente oder spektakuläre Verhandlungstaktiken. Seine Werkzeuge sind Zuhören auf einer Tiefe, die unausgesprochene Botschaften erkennt. Fragen, die nicht auf schnelle Antworten zielen, sondern auf die Erweiterung von Perspektiven. Spiegeln von Emotionen, die es den Beteiligten ermöglicht, sich selbst klarer zu sehen. Bauen von Brücken, die nicht als Kompromiss erscheinen, sondern als gemeinsame Vision. In der Praxis bedeutet das, dass Vermittlung nicht spektakulär aussieht. Ein erfolgreicher Vermittlungsprozess kann Monate dauern, geprägt von unscheinbaren Gesprächen, kleinen Interventionen, feinen Impulsen. Aber am Ende steht eine Lösung, die trägt, weil sie nicht aufgezwungen, sondern gewachsen ist. Eine Lösung, die nicht sofort wieder in sich zusammenbricht, sondern die Grundlage für nachhaltigen Fortschritt bildet.

Die Wirkung eines Vermittlers ist vergleichbar mit dem Prinzip der minimalen Intervention in der Medizin. Der beste Chirurg ist nicht derjenige, der die grössten Schnitte setzt, sondern derjenige, der mit der kleinsten notwendigen Veränderung die grösstmögliche Heilung ermöglicht. So ist auch der Vermittler ein Chirurg sozialer Systeme. Er weiss, wo ein kleiner Impuls reicht, um ein ganzes System in Bewegung zu bringen. Er weiss, wo Nichtstun klüger ist als Aktionismus. Und er weiss, wann der Moment gekommen ist, die Bühne zu verlassen, damit andere die Früchte der Veränderung ernten können.

Diese Haltung erfordert eine besondere Reife. Vermittler müssen gelernt haben, auf Ruhm zu verzichten. Ihre Befriedigung ziehen sie nicht aus öffentlicher Anerkennung, sondern aus der Wirksamkeit ihrer Arbeit. In einer Zeit, in der Sichtbarkeit oft mit Bedeutung verwechselt wird, sind Vermittler die stillen Architekten echter Veränderung. Sie gestalten Systeme, ohne sich selbst ins Zentrum zu stellen. Sie ermöglichen Fortschritt, ohne das Label des Machers zu beanspruchen. Die unsichtbare Hand der Vermittlung ist damit nicht ein Zeichen von Schwäche, sondern von höchster Professionalität. Sie zeigt sich in der Fähigkeit, die eigenen Impulse zu kontrollieren, sich in den Dienst komplexer Systeme zu stellen und genau das Mass an Einfluss auszuüben, das notwendig ist – nicht mehr und nicht weniger. Sie ist der stille Puls nachhaltiger Entwicklung in einer Welt, die sich allzu oft im Getöse ihrer eigenen Geschwindigkeit verliert.

Vermittlung, so verstanden, wird zum Inbegriff moderner Führungsintelligenz. Sie ersetzt den Mythos des starken Mannes durch das Bild des klugen Architekten. Sie ersetzt das Bild des Befehls durch das Bild des Impulses. Sie ersetzt die Sprache der Macht durch die Sprache der Ermöglichung. Und sie schafft damit den Raum, in dem Unternehmen, Organisationen und politische Systeme nicht nur überleben, sondern wirklich wachsen können.

Die Zukunft gehört nicht jenen, die am lautesten sprechen, sondern jenen, die am tiefsten verstehen. Nicht jenen, die den schnellsten Erfolg erzwingen wollen, sondern jenen, die die Bedingungen schaffen, unter denen Erfolg organisch entstehen kann. Die Zukunft gehört den Vermittlern.

Notizen:

Notizen:

Notizen:

Notizen:

Kapitel 3. Psychologie der Interessen – Wie man verdeckte Motive erkennt und nutzt

In der sichtbaren Welt der Verhandlungen, der politischen Diskurse, der wirtschaftlichen Entscheidungsfindung begegnen wir immer nur der Oberfläche dessen, was Menschen wirklich bewegt. Positionen, Forderungen, Statements – sie alle sind nur der äussere Ausdruck tiefer liegender Interessen, Ängste, Wünsche und Identitätsbedürfnisse, die selten offen artikuliert werden. Wer sich auf die sichtbare Ebene beschränkt, kämpft gegen Symptome. Wer jedoch versteht, wie Interessen entstehen, wie sie sich verbergen und wie sie unbewusst gesteuert werden, der erlangt Zugriff auf die eigentlichen Steuerungsebenen von Menschen und Systemen. Der moderne Vermittler ist kein Manager von Positionen, sondern ein Entschlüsseler von Interessenlandschaften, ein Archäologe verborgener Motivstrukturen, ein Dirigent unausgesprochener Sehnsüchte. Interessen entstehen nie im luftleeren Raum. Sie sind das Produkt persönlicher Erfahrungen, emotionaler Prägungen, sozialer Rollen und kultureller Narrative. Was jemand begehrt, wofür er kämpft, wogegen er sich wehrt – all das ist nicht nur Resultat rationaler Abwägung, sondern tief verankert in seinem Bedürfnis nach Sicherheit, Zugehörigkeit, Status, Autonomie oder Sinn. In Verhandlungen wird oft über Verträge, Summen oder Machtanteile gesprochen. Doch was wirklich verhandelt wird, sind emotionale Bedürfnisse: die Anerkennung des eigenen Werts, die Absicherung der eigenen Identität, die Aufrechterhaltung eines inneren Gleichgewichts. Wer das nicht erkennt, wird selbst bei scheinbar gewonnenen Verhandlungen langfristig verlieren, weil die verdeckten Interessen unerfüllt bleiben und später als Störpotenziale aufbrechen. Das Erkennen verdeckter Interessen ist keine Frage technischer Analyse, sondern der Fähigkeit, komplexe emotionale Felder intuitiv und präzise zu lesen. Menschen artikulieren ihre wahren Interessen oft nicht, weil sie sich ihrer selbst nicht völlig bewusst sind oder weil sie gelernt haben, bestimmte Bedürfnisse zu maskieren, um keine Schwäche zu zeigen. Gerade in hochkompetitiven Umfeldern wie Politik und Wirtschaft gilt das offene Eingeständnis emotionaler Bedürfnisse als riskant. Die Folge ist ein doppelter Diskurs: eine offizielle Ebene der Positionen und eine verdeckte Ebene der wirklichen Anliegen. Der Vermittler muss in der Lage sein, beides gleichzeitig wahrzunehmen, ohne die Beteiligten blosszustellen, ohne Vertrauen zu verletzen, aber auch ohne sich von der Oberfläche täuschen zu lassen.

Das präzise Erkennen von Interessen verlangt deshalb nicht nur analytische Intelligenz, sondern eine emotionale Tiefensensibilität, die weit über das hinausgeht, was herkömmliche Kommunikationstrainings vermitteln. Der Vermittler spürt die Spannung zwischen den Worten und der Körpersprache, er hört die Nuancen in der Stimme, er erkennt die unbewussten Mikroausdrücke, die auf emotionale Involvierung, Angst oder Widerstand hinweisen. Er deutet die Wahl der Metaphern, die Wiederholung bestimmter Begriffe, die seltsamen Brüche in der Argumentation. Er liest den Raum nicht nur in dem, was gesagt wird, sondern in dem, was nicht gesagt werden kann.

Doch das Erkennen ist nur der erste Schritt. Die Kunst des modernen Vermittlers besteht darin, diese Interessen nicht brutal offenzulegen oder zu entlarven, sondern Räume zu schaffen, in denen sie sich zeigen dürfen, ohne dass Gesichtsverlust droht. Es geht darum, die Beteiligten einzuladen, ihre wahren Anliegen selbst zu entdecken und ins Spiel zu bringen. Nur so entstehen Lösungen, die nicht nur technisch sauber sind, sondern emotional tragfähig. Der Vermittler führt keine Konfrontationen über verdeckte Motive. Er ermöglicht deren Integration in den Entscheidungsprozess, sodass aus einem verborgenen Bedürfnis ein anerkanntes Anliegen werden kann, das produktiv bearbeitet werden darf.

In dieser Arbeit liegt eine stille Macht. Denn wer Interessen erkennt und sie respektvoll ans Licht hebt, wird zu einem Gestalter von Beziehungen, zu einem Architekten von Vertrauen. Vertrauen entsteht nicht dadurch, dass Interessen gleichgeschaltet werden, sondern dadurch, dass sie gesehen, anerkannt und ernst genommen werden. Der Vermittler handelt dabei nicht manipulativ. Er nutzt die Erkenntnis der Interessen nicht, um andere zu instrumentalisieren, sondern um tragfähige Brücken zu bauen. Seine Arbeit beruht auf der Einsicht, dass Systeme nur dann stabil bleiben, wenn die tieferen Bedürfnisse ihrer Mitglieder respektiert werden.

Ein besonderer Aspekt dabei ist die Fähigkeit, zwischen echten Interessen und vorgeschobenen Positionen zu unterscheiden. In vielen Verhandlungen werden Forderungen präsentiert, die in Wahrheit nichts anderes sind als taktische Manöver, Schutzbehauptungen oder symbolische Signale. Der Vermittler muss lernen, diese Schichten zu erkennen und zu unterscheiden, wann ein Nein ein echtes Bedürfnis verteidigt und wann es nur ein taktisches Manöver ist. Er muss spüren, wann eine Forderung aus innerer Überzeugung kommt und wann sie nur das Resultat äusserer Zwänge oder innerer Unsicherheiten ist.

Diese Differenzierung verlangt wiederum ein hohes Mass an psychologischer Reife und ein tiefes Wissen über menschliches Verhalten unter Druck. In Stresssituationen verengen sich emotionale

Felder, werden Wahrnehmungen verzerrt, steigen primitive Schutzmechanismen an die Oberfläche. Menschen werden irrational, defensiv, aggressiv oder passiv. Der Vermittler darf diese Reaktionen weder moralisch bewerten noch persönlich nehmen. Er muss sie als das erkennen, was sie sind: Schutzstrategien verletzlicher innerer Anteile. Und er muss Wege finden, die Beteiligten sanft aus diesen Verteidigungshaltungen herauszuführen, ohne ihnen die Würde zu nehmen. Hier zeigt sich, dass Vermittlung weit mehr ist als die Vermittlung zwischen Interessen. Sie ist die Vermittlung zwischen Identitäten. Denn oft sind Interessen nur die manifeste Spitze eines viel tiefer liegenden Bedürfnisses nach Bestätigung des eigenen Selbstbilds. Wer in einer Verhandlung darauf besteht, keine Schwäche zu zeigen, verteidigt nicht primär eine Position, sondern schützt sein inneres Bild von Stärke, von Kompetenz, von Wert. Der Vermittler, der dies erkennt, kann Angebote machen, die nicht nur sachliche Interessen befriedigen, sondern emotionale Integrität wahren. Er kann Räume gestalten, in denen die Beteiligten sich zeigen können, ohne entblösst zu werden, in denen sie gewinnen können, ohne verlieren zu müssen. Dieses tiefe Verständnis der Psychologie von Interessen macht den Unterschied zwischen oberflächlicher Einigung und echter, nachhaltiger Lösung. Es entscheidet darüber, ob Vereinbarungen blosse Stillhalteabkommen bleiben oder ob sie eine neue Qualität von Beziehung und Zusammenarbeit begründen. Der moderne Vermittler arbeitet nicht an den Rändern von Konflikten, er arbeitet im Herzen der Identitätslandschaften, aus denen Interessen erwachsen. Und gerade, weil er sich dieser Tiefe bewusst ist, handelt er mit grösster Achtsamkeit, Präzision und Respekt. In einer Welt, die immer schneller wird und in den Entscheidungen oft unter Zeitdruck getroffen werden, erscheint diese tiefe Vermittlungsarbeit auf den ersten Blick als Luxus. Doch wer meint, Zeit sparen zu können, indem er über Interessen hinweggeht, zahlt am Ende den Preis für misslingende Umsetzungen, für schwelende Konflikte, für fragile Allianzen. Der Vermittler investiert Zeit am Anfang, um Zeit und Energie am Ende zu gewinnen. Er verhindert, dass Konflikte eskalieren müssen, um sichtbar zu werden. Er verhindert, dass Vereinbarungen sabotiert werden, weil sie innere Realitäten ignoriert haben. Er ermöglicht Lösungen, die Bestand haben, weil sie auf echter Anerkennung der tieferen Dynamiken beruhen. Diese Form der Vermittlung ist keine weiche Alternative zur harten Politik klassischer Machtspiele. Sie ist die wirksamere Form, die nachhaltigere, die klügere. Sie ist keine Utopie, sondern gelebte Praxis für alle, die in komplexen Systemen nicht nur kurzfristige Siege erringen, sondern langfristige Wirksamkeit entfalten wollen. Sie verlangt mehr Mut als Durchsetzung, mehr Klugheit als Taktik, mehr Integrität als Diplomatie.

Der moderne Vermittler arbeitet mit dem Stoff, aus dem Identitäten gemacht sind. Er weiss, dass Interessen nicht verhandelt werden wie Vertragsklauseln, sondern dass sie Teil eines lebendigen Systems sind, das Respekt, Verständnis und Gestaltung braucht. Er begreift, dass echte Lösungen nicht auf Positionen gebaut werden, sondern auf der Anerkennung dessen, was Menschen wirklich antreibt. Und er gestaltet seine Interventionen so, dass sie nicht nur Ergebnisse erzielen, sondern Beziehungen heilen und Systeme stabilisieren.

In dieser Arbeit liegt die stille Revolution moderner Führung. Nicht indem man lauter spricht, sondern indem man tiefer hört. Nicht indem man schneller agiert, sondern indem man präziser wirkt. Nicht indem man seine Interessen durchsetzt, sondern indem man die Interessen aller Beteiligten in eine neue, tragfähige Balance bringt. Vermittlung wird so zur höchsten Form strategischer Intelligenz – und der Vermittler wird zum unersetzlichen Architekten nachhaltiger Zukunft. Der Vermittler, der diese Kunst beherrscht, bewegt sich in einem Spannungsfeld, das ständige Wachsamkeit erfordert. Er muss unterscheiden können, wann ein Interesse wandelbar ist und wann es ein unverrückbarer Bestandteil der Identität eines Beteiligten geworden ist. Er muss erkennen, wann Kompromissfähigkeit besteht und wann nur die Schaffung völlig neuer Rahmungen Bewegung ermöglichen kann. Denn nicht alle Interessen sind verhandelbar. Manche Bedürfnisse sind so tief mit der Selbstdefinition eines Menschen oder einer Organisation verwoben, dass jede Bedrohung dieser Bedürfnisse als existenzielle Gefahr empfunden wird. Vermittlung bedeutet hier nicht, zum Kompromiss zu drängen, sondern kreative Räume zu eröffnen, in denen selbst scheinbar unvereinbare Identitäten koexistieren können, ohne sich gegenseitig zu zerstören.

Gerade in politischen Kontexten ist diese Fähigkeit von unschätzbarem Wert. Politische Identitäten sind selten rational, sie sind emotional und symbolisch aufgeladen. Wer nur die offiziellen Programme liest und die Presseerklärungen verfolgt, versteht wenig von dem, was Parteien, Bewegungen und Individuen wirklich antreibt. Unter jedem politischen Ziel liegen emotionale Narrative: Geschichten von Zugehörigkeit und Ausgrenzung, von Bedrohung und Hoffnung, von Stolz und Verletzung. Der Vermittler, der diese Narrative erkennt und respektiert, kann Brücken bauen, wo andere nur neue Frontlinien errichten würden. Er kann Dialoge eröffnen, die nicht auf das Aushandeln von Positionen reduziert sind, sondern auf die Anerkennung emotionaler Realitäten, die eine gemeinsame Zukunft erst denkbar machen. Dasselbe gilt in wirtschaftlichen Organisationen. Unternehmen sind keine rationalen Maschinen, sondern soziale Gebilde, durchdrungen von

Geschichten, Ritualen und unsichtbaren Regeln. Auch hier entstehen Konflikte nicht nur aus sachlichen Differenzen, sondern aus der Verletzung von Identitäten, aus enttäuschten Erwartungen, aus missachteten Bedürfnissen. Wer nur Prozesse und Strukturen optimiert, wird die tiefen Spannungsfelder nicht erreichen, die über Erfolg oder Scheitern entscheiden. Der Vermittler hingegen, der die emotionale Architektur eines Unternehmens versteht, kann Veränderung ermöglichen, die nicht als Bedrohung, sondern als gemeinsame Weiterentwicklung erlebt wird.

Diese Art der Vermittlung verlangt eine aussergewöhnliche Qualität von Präsenz. Der Vermittler ist nicht derjenige, der Lösungen präsentiert. Er ist derjenige, der durch seine blosse Anwesenheit Räume schafft, in denen Lösungen entstehen können. Seine Präsenz ist geprägt von Achtsamkeit, von geduldiger Offenheit, von einer tiefen, nicht instrumentellen Form des Zuhörens. Er hört nicht, um zu antworten. Er hört, um zu verstehen. Er spricht nicht, um zu überzeugen. Er spricht, um Verbindungen zu ermöglichen. Er handelt nicht, um zu gewinnen. Er handelt, um neue Realitäten zu erschaffen.

Diese Haltung ist keine Schwäche, sondern höchste Form von Stärke. Sie erfordert die Fähigkeit, eigene Eitelkeiten zu zähmen, das Bedürfnis nach Kontrolle aufzugeben, sich dem Prozess anzuvertrauen, ohne ihn aus der Hand zu geben. Sie verlangt Mut, weil sie auf die tieferen Schichten menschlicher Existenz zielt, auf die unsichtbaren Felder von Angst und Hoffnung, von Stolz und Verletzlichkeit, von Sinnsuche und Identität. Der Vermittler, der diesen Mut aufbringt, berührt nicht nur die Oberfläche der Systeme, sondern ihr Herz. Und nur wer das Herz eines Systems berührt, kann es wirklich verändern. In der Praxis bedeutet das oft, lange Phasen des scheinbaren Stillstands auszuhalten. Veränderungen auf der Ebene der Interessen vollziehen sich nicht in linearen Fortschritten. Sie brauchen Zeit, Reifung, die stille Arbeit unzähliger innerer Prozesse. Der Vermittler muss lernen, diese langsame Dynamik zu respektieren, sie nicht durch vorschnelles Handeln zu stören, sondern ihr die Bedingungen zu schaffen, unter denen sie sich entfalten kann. Er muss erkennen, wann ein System bereit ist, einen neuen Schritt zu gehen, und wann es noch einen Schutzraum braucht, um seine Ängste zu bearbeiten. Er muss Geduld haben, wo andere Druck machen würden. Er muss Vertrauen in Prozesse haben, wo andere Ergebnisse fordern.

Gerade darin liegt der eigentliche Unterschied zwischen oberflächlicher Konfliktbearbeitung und tiefgreifender Vermittlung. Oberflächliche Bearbeitung versucht, schnell Symptome zu beseitigen, um Ruhe herzustellen. Tiefgreifende Vermittlung hingegen arbeitet an den Wurzeln, auch wenn dies ungleich mühsamer, langwieriger und unsicherer ist. Doch nur wer die Wurzeln erreicht, kann verhindern, dass Konflikte in neuer Gestalt wiederkehren, dass Vereinbarungen zerbrechen, dass Systeme in latente Krisen abgleiten.

Der moderne Vermittler ist daher mehr als ein Techniker der Verständigung. Er ist ein Gärtner der Systeme. Er sät keine Lösungen. Er bereitet den Boden, pflegt die Keime, schützt die jungen Pflanzen vor Stürmen, vertraut auf die Eigenkräfte des Wachstums. Er weiss, dass keine Pflanze auf Befehl wächst, dass keine Blume durch Druck blüht, dass kein Baum durch Beschleunigung kräftiger wird. Vermittlung ist organisches Arbeiten im Gewebe menschlicher Systeme, geduldig, präzise, achtsam und zugleich strategisch klar. In dieser Arbeit spiegelt sich eine tiefe Wertschätzung für das, was Menschen im Kern ausmacht: ihre Fähigkeit zu wachsen, sich zu verändern, neue Wege zu finden, wenn ihnen der Raum dafür gegeben wird. Der Vermittler glaubt nicht an die manipulierbare Steuerbarkeit menschlicher Systeme. Er glaubt an ihre gestalterische Kraft, wenn die richtigen Bedingungen geschaffen werden. Seine Arbeit ist deshalb letztlich eine Arbeit am Vertrauen – dem Vertrauen in die Prozesse der Verständigung, der Reifung und der Transformation.

Diese Haltung verändert auch die Rolle des Vermittlers selbst. Er wird nicht zum Macher, nicht zum Helden, nicht zum Retter. Er wird zum Ermöglicher. Seine Kraft liegt nicht in der Dominanz, sondern in der Zurückhaltung. Nicht in der Durchsetzung, sondern in der Einladung. Nicht in der Kontrolle, sondern in der Gestaltung von Bedingungen. In einer Welt, die von der Illusion schneller Lösungen lebt, ist diese Art von Führung eine stille, aber revolutionäre Kraft. Und gerade deshalb ist der moderne Vermittler unersetzlich. In Unternehmen, die echte Innovation wollen. In politischen Systemen, die echte Verständigung suchen. In gesellschaftlichen Kontexten, die echtes Zusammenleben ermöglichen wollen. Er ist der unsichtbare Architekt jener Zukunft, in der Macht nicht mehr auf Kontrolle beruht, sondern auf Resonanz. In der Führung nicht mehr aus Befehlen besteht, sondern aus der Fähigkeit, Räume zu gestalten, in denen Menschen sich selbst und andere auf neue Weise begegnen können.

Die Psychologie der Interessen ist deshalb weit mehr als ein Analysetool für Verhandlungen. Sie ist die Grundlage einer neuen Kultur des Umgangs miteinander. Einer Kultur, die den Menschen in seiner ganzen Tiefe ernst nimmt, seine Verletzlichkeit anerkennt, seine Sehnsucht nach Sinn respektiert und seine Fähigkeit zur Entwicklung fördert. Eine Kultur, in der Vermittlung nicht die Ausnahme ist, sondern die Grundlage aller nachhaltigen Gestaltung. Der Vermittler, der diese Kultur verkörpert, wird zu einem stillen

Revolutionär. Ohne grosse Gesten, ohne öffentliche Inszenierung verändert er Systeme von innen heraus. Und gerade weil er im Hintergrund bleibt, weil er auf Ruhm verzichtet, weil er der Sache dient und nicht sich selbst, entfaltet seine Arbeit eine Wirkung, die tiefer geht, dauerhafter bleibt und wahrhaftiger ist als jede Form lauter Führung.

In einer Welt, die an der Oberfläche taumelt, brauchen wir Vermittler, die die Tiefe kennen. In einer Zeit, die Geschwindigkeit anbetet, brauchen wir Vermittler, die Langsamkeit verstehen. In einer Epoche, die Effizienz predigt, brauchen wir Vermittler, die Wirksamkeit neu definieren – nicht als Maximierung kurzfristiger Erfolge, sondern als Pflege langfristiger Entwicklungen. Die Psychologie der Interessen ist der Schlüssel zu dieser neuen Art von Wirksamkeit. Und der Vermittler ist derjenige, der diesen Schlüssel zu nutzen weiss.

Notizen:

Notizen:

Kapitel 4. Jenseits des Verhandelns – Der Aufbau echter Verständigung

Die Kunst der Verständigung beginnt dort, wo die Kunst des Verhandelns endet. Verhandeln, so wie es über Jahrzehnte gelehrt und praktiziert wurde, basiert auf der Idee der Interessenabwägung, des Ausgleichs gegensätzlicher Positionen, des Erreichens eines Punktes, an dem beide Seiten zumindest das Gefühl haben, mehr gewonnen als verloren zu haben. Doch diese Vorstellung greift in einer Welt komplexer Systeme und emotionaler Realitäten zu kurz. Verhandeln bedeutet häufig den Versuch, die äusseren Schichten eines Konflikts zu managen, ohne seine inneren Dynamiken wirklich zu berühren. Verständigung hingegen bedeutet, den Weg zu eröffnen, auf dem aus Differenz neue Beziehung, aus Spannung neue Kraft, aus Unvereinbarkeit ein gemeinsamer Horizont entstehen kann.

Echte Verständigung setzt voraus, dass die Beteiligten bereit sind, mehr zu riskieren als in klassischen Verhandlungen üblich ist. In einer Verhandlung geht es darum, das eigene Minimum an Verlust zu sichern und das Maximum an Gewinn zu erreichen. In der Verständigung jedoch geht es darum, sich dem Risiko auszusetzen, wirklich gesehen zu werden, eigene Bedürfnisse offenzulegen, Verletzlichkeit zuzulassen, das eigene Selbstbild in Frage stellen zu lassen. Verständigung ist nicht die Kunst des geschickten Taktierens, sondern die Kunst des authentischen Erscheinens. Sie verlangt eine Offenheit, die in konventionellen Machtspielen selten zu finden ist und gerade deshalb so transformativ wirkt. Der Vermittler, der den Aufbau echter Verständigung ermöglicht, bewegt sich in diesem Raum der radikalen Offenheit mit einer

Sensibilität, die sich nicht aus Techniken speist, sondern aus Haltung. Er vertraut darauf, dass in jedem Konflikt ein verborgenes Bedürfnis nach Verbindung existiert, auch wenn es sich hinter Misstrauen, Aggression oder Zynismus verbirgt. Er weiss, dass selbst in der schärfsten Ablehnung ein Wunsch nach Anerkennung liegt, dass selbst hinter der härtesten Front eine Geschichte von Verletzung und Sehnsucht steht. Der Vermittler begegnet dieser Realität nicht mit naiver Romantik, sondern mit realistischer Hoffnung: der Hoffnung, dass Verständigung möglich ist, wenn die Bedingungen geschaffen werden, unter denen Menschen einander neu begegnen können.

Diese Bedingungen entstehen nicht durch Appelle an Vernunft oder Moral. Sie entstehen durch das stille Eröffnen von Räumen, in denen neue Erfahrungen möglich werden. Der Vermittler gestaltet diese Räume mit höchster Achtsamkeit. Er schafft Sicherheit, indem er Erwartungen explizit macht und implizite Bedrohungen entschärft. Er schafft Transparenz, indem er verdeckte Motive sichtbar werden lässt, ohne sie zu bewerten. Er schafft Resonanz, indem er Zuhören nicht als Technik, sondern als Haltung praktiziert. In diesen Räumen können Positionen verlassen, können Identitäten neu verhandelt, können Perspektiven erweitert werden. Hier geschieht Verständigung nicht als rhetorischer Akt, sondern als existenzielle Erfahrung. Verständigung verlangt, dass Menschen bereit sind, die eigene Sichtweise nicht als absolute Wahrheit zu verteidigen, sondern als Teil einer grösseren, komplexeren Realität zu begreifen. Dies ist eine der schwierigsten Herausforderungen moderner Kommunikation. Denn das Selbstwertgefühl der meisten Menschen ist eng mit der Kohärenz ihrer eigenen Erzählung verknüpft. Jede Infragestellung dieser Erzählung wird instinktiv als Bedrohung erlebt. Verständigung heisst deshalb nicht, jemanden von einer anderen Position zu überzeugen, sondern ihm zu ermöglichen, seine eigene Geschichte so zu erweitern, dass darin auch Platz für andere Wirklichkeiten entsteht. Der Vermittler begleitet diesen Prozess mit einer Mischung aus Empathie und Klarheit, aus Behutsamkeit und Entschiedenheit. Oft beginnt Verständigung mit kleinen Verschiebungen. Ein einziger Satz, der nicht verteidigend, sondern fragend formuliert wird. Ein kurzer Moment echter Betroffenheit, der mehr bewegt als stundenlange Argumentationen. Ein stilles Anerkennen der eigenen Unsicherheit, das Raum schafft für die Unsicherheit des anderen. Diese kleinen Verschiebungen sind es, die den Anfang markieren. Der Vermittler erkennt sie, schützt sie, verstärkt sie, ohne sie zu instrumentalisieren. Er gibt ihnen Zeit, Wurzeln zu schlagen, er vertraut auf die leisen Prozesse, die unterhalb der Schwelle bewusster Kontrolle ablaufen.

Verständigung bedeutet, Differenz nicht zu überbrücken, indem sie nivelliert wird, sondern indem sie anerkannt und integriert wird. In klassischen Verhandlungen wird Differenz oft als Problem behandelt, das es zu beseitigen gilt. In echter Verständigung wird Differenz als Ressource begriffen, als Energiequelle, aus der neue, unerwartete Lösungen erwachsen können. Der Vermittler fördert diese Sichtweise, indem er die Beteiligten einlädt, nicht nur nach Kompromissen zu suchen, sondern nach neuen Synthesen, nach Lösungen, die nicht auf Kosten der Vielfalt entstehen, sondern durch deren kreative Nutzung.

Dieser Prozess erfordert Mut, denn er bedeutet, vertraute Denk- und Handlungsmuster zu verlassen. Er erfordert Vertrauen, denn er bedeutet, sich auf das Unvorhersehbare einzulassen. Und er erfordert eine tiefe Form von Verantwortungsbewusstsein, denn er bedeutet, sich selbst nicht aus der Verantwortung zu stehlen,

sondern aktiv am Entstehen einer neuen gemeinsamen Wirklichkeit mitzuwirken. Der Vermittler verkörpert diesen Mut, dieses
Vertrauen und diese Verantwortung, nicht indem er sie predigt,
sondern indem er sie lebt. Durch seine eigene Haltung wird er
zum Modell für den Prozess, den er begleiten möchte.

Verständigung in diesem Sinne ist immer auch eine Arbeit am
Selbstbild der Beteiligten. Sie erfordert die Bereitschaft, die eigene Identität nicht als statische Grösse zu verteidigen, sondern
als dynamisches Projekt zu begreifen. Diese Einsicht ist unbequem, aber befreiend. Denn sie eröffnet die Möglichkeit, aus star-
ren Rollenzuschreibungen auszubrechen, aus eingefrorenen Loyalitäten auszutreten, aus ideologischen Zwängen zu entkommen.
Verständigung schafft nicht nur neue Vereinbarungen zwischen
Menschen. Sie ermöglicht auch neue Beziehungen der Menschen
zu sich selbst.

Die tiefste Ebene echter Verständigung ist deshalb immer die des
Selbstverstehens. Der Vermittler weiss, dass Menschen nur dann
offen für andere werden, wenn sie sich selbst in einer Weise verstehen, die ihnen ermöglicht, ihre eigenen Ängste, Verletzungen
und Bedürfnisse anzunehmen, ohne sich von ihnen beherrschen
zu lassen. Er arbeitet nicht nur an den Schnittstellen zwischen
Menschen. Er arbeitet an den inneren Räumen der Menschen
selbst. Er eröffnet Perspektiven, die das Selbst nicht als abgeschlossenen Besitz, sondern als offenes, lernendes, sich wandeln-
des Wesen begreifen lassen. Indem er diese Perspektiven eröffnet, schafft der Vermittler die Voraussetzung dafür, dass echte
Verständigung möglich wird. Verständigung, die nicht auf der
blossen Koordination von Interessen basiert, sondern auf der geteilten Erfahrung, dass Begegnung möglich ist, ohne Selbstverlust.
Verständigung, die nicht auf dem Minimieren von Differenzen

basiert, sondern auf dem Erweitern von Identitäten. Verständigung, die nicht auf taktischen Zugeständnissen basiert, sondern auf existenzieller Resonanz. Diese Form der Verständigung verändert nicht nur Verhandlungen, nicht nur Organisationen, nicht nur politische Systeme. Sie verändert letztlich das, was wir unter menschlicher Beziehung verstehen. Sie bringt eine Qualität von Begegnung in die Welt, die über das Funktionale hinausweist, die das Politische, das Wirtschaftliche, das Soziale mit einer Tiefe durchdringt, die den Menschen als Ganzes ernst nimmt. Der Vermittler, der diesen Prozess begleitet, wird so zum Wegbereiter einer Kultur, die Differenz nicht fürchtet, sondern als Quelle gemeinsamer Gestaltungskraft erkennt.

Jenseits des Verhandelns beginnt das Reich der Verständigung. Ein Reich, das leise ist, das Geduld verlangt, das Entschiedenheit fordert, das Verletzlichkeit erlaubt. Ein Reich, das nicht auf Sieg und Niederlage basiert, sondern auf der gemeinsamen Suche nach Wegen, auf denen verschiedene Welten einander nicht auslöschen, sondern gemeinsam wachsen können. Der Vermittler, der dieses Reich kennt, der seine Regeln versteht und seine Möglichkeiten ausschöpft, wird zum unsichtbaren Architekten jener Zukunft, die nicht auf der Wiederholung alter Konflikte basiert, sondern auf dem mutigen Entwurf neuer, gemeinsamer Wirklichkeiten.

Notizen:

Notizen:

Kapitel 5. Souveränität durch Neutralität – Die unantastbare Position des Vermittlers

Neutralität ist eines der am meisten missverstandenen Konzepte in der Welt der Vermittlung. Oft wird sie reduziert auf den blossen Verzicht auf Parteinahme, auf eine Haltung scheinbarer Unbeteiligtheit, auf ein distanziertes, emotionsloses Beobachten der Konfliktparteien. Doch wahre Neutralität ist weit mehr als das. Sie ist keine Schwäche, kein Rückzug aus Verantwortung, kein Verstecken hinter der Maske der Objektivität. Wahre Neutralität ist eine aktive, kraftvolle Haltung, die es dem Vermittler ermöglicht, eine Souveränität zu entwickeln, die ihn unantastbar macht. Unantastbar nicht im Sinne von Unberührbarkeit, sondern im Sinne von Unabhängigkeit, Integrität und innerer Freiheit.

Der Vermittler, der diese Form von Neutralität verkörpert, stellt sich nicht ausserhalb der Konflikte, die er begleitet. Er taucht ein in die emotionalen Felder, er berührt die Ängste, Hoffnungen und Sehnsüchte der Beteiligten, er wird Teil der Dynamik, ohne sich von ihr vereinnahmen zu lassen. Seine Neutralität besteht nicht darin, nichts zu fühlen, sondern darin, nicht gefangen zu werden. Sie besteht darin, anwesend zu sein, vollständig präsent, ohne sich auf eine Seite schlagen zu müssen, ohne in die Logik der Konfliktparteien hineingezogen zu werden, ohne sich instrumentalisieren zu lassen.

Diese Form der Neutralität ist eine Frage innerer Arbeit, nicht äusserer Formalitäten. Sie entsteht nicht durch das Behaupten von Unparteilichkeit, sondern durch die Fähigkeit, eigene Bedürfnisse, Ängste und Identifikationen so weit zu klären, dass sie in der Arbeit mit anderen nicht unbewusst das eigene Handeln steuern. Der Vermittler, der wirklich neutral agieren will, muss sich seiner eigenen emotionalen Biografie bewusst sein. Er muss wissen, welche Themen ihn triggern könnten, welche Machtmuster ihn faszinieren, welche Verletzungen ihn anfällig machen für unbewusste Parteinahme. Nur wer sich selbst tief kennt, kann anderen wirklich offen begegnen, ohne in ihre inneren Dramen verstrickt zu werden. Neutralität bedeutet in diesem Sinne nicht Distanz, sondern Klarheit. Der Vermittler kann die ganze Intensität eines Konflikts aufnehmen, kann Mitgefühl empfinden, kann Betroffenheit spüren, ohne den inneren Halt zu verlieren. Er wird zum Resonanzkörper, der die Klänge der verschiedenen Stimmen aufnimmt und zugleich den Raum hält, in dem diese Stimmen sich begegnen können, ohne sich gegenseitig zu zerstören. Seine Neutralität ist kein kaltes Gleichgewicht der Kräfte, sondern ein aktives Ermöglichen von Verständigung.

In dieser Fähigkeit liegt seine Souveränität. Er ist nicht abhängig von der Anerkennung der Beteiligten. Er braucht keinen Applaus, keine Zustimmung, kein Bündnis. Seine Legitimität erwächst nicht aus formalen Autoritäten, sondern aus der stillen Evidenz seiner Integrität. Die Beteiligten spüren, dass sie ihm vertrauen können, nicht weil er ihnen Recht gibt, sondern weil er ihnen begegnet, ohne sie zu bewerten. Sie erleben ihn als sicher, nicht weil er sich an Regeln klammert, sondern weil er in sich selbst verankert ist. Diese Form der Souveränität ist selten, und gerade deshalb so wirksam. In ihr liegt die stille Macht des Vermittlers.

Neutralität bedeutet auch, sich nicht verführen zu lassen von den emotionalen Angeboten, die in jedem Konflikt gemacht werden. Jede Partei versucht unbewusst, den Vermittler auf ihre Seite zu ziehen, ihn zu einem Verbündeten ihrer Geschichte zu machen, ihn in die eigene Identität einzubinden. Diese Verlockungen sind subtil, oft kaum spürbar. Sie können sich in Mitleid äussern, in Bewunderung, in moralischer Empörung. Der Vermittler, der ihnen erliegt, verliert seine Unabhängigkeit, wird Teil des Problems, das er zu lösen versucht. Wahre Neutralität bedeutet, diese Angebote zu erkennen, sie anzuerkennen – und sie vorbeiziehen zu lassen, ohne ihnen zu folgen.

In dieser Fähigkeit zeigt sich die tiefe innere Freiheit des Vermittlers. Er ist frei von der Notwendigkeit, sich zu identifizieren, sich zu beweisen, sich zu profilieren. Er braucht keine Rolle, um sich selbst zu bestätigen. Er braucht keinen Sieg, um seinen Wert zu fühlen. Diese Freiheit macht ihn unangreifbar für die subtilen Machtspiele, die in jeder Verhandlung, in jeder Vermittlung, in jedem sozialen System ablaufen. Sie macht ihn zu einem ruhenden Pol inmitten der Stürme, zu einem Ort von Klarheit inmitten der Verwirrung.

Souveränität durch Neutralität bedeutet auch, Verantwortung zu übernehmen, ohne Kontrolle ausüben zu wollen. Der Vermittler ist verantwortlich für den Raum, den er hält, für die Prozesse, die er ermöglicht, für die Integrität der Verständigung, die er unterstützt. Aber er ist nicht verantwortlich für die Entscheidungen der Beteiligten, für ihre Bereitschaft oder Unfähigkeit zur Veränderung, für ihre Annahme oder Ablehnung von Lösungen. Er bietet Möglichkeiten an. Er gestaltet Bedingungen. Aber er respektiert die Freiheit der anderen, diese Möglichkeiten zu nutzen oder nicht. Er zwingt nicht, er verführt nicht, er manipuliert nicht. Er vertraut auf die innere Dynamik des Systems. Gerade dieses Vertrauen ist ein Akt höchster Souveränität. Es bedeutet, die Illusion der Allmacht loszulassen, die in vielen klassischen Führungsmodellen so tief verankert ist. Es bedeutet, sich nicht in die Fantasie zu flüchten, man könne Systeme reparieren wie Maschinen oder

Menschen verändern wie Programme. Es bedeutet, die Komplexität, die Ambivalenz, die Unvorhersehbarkeit menschlicher Systeme anzuerkennen – und dennoch wirksam zu handeln, ohne sich in Ohnmacht oder Zynismus zu verlieren. Der Vermittler, der diese Form der Neutralität verkörpert, wird selbst zum Teil des Heilungsprozesses. Nicht indem er Lösungen liefert, sondern indem er Räume schafft, in denen Lösungen möglich werden. Nicht indem er Konflikte entscheidet, sondern indem er Bedingungen ermöglicht, unter denen Konflikte sich transformieren können. Seine Präsenz, seine Klarheit, seine Integrität wirken wie ein Katalysator: Sie beschleunigen Prozesse, die aus eigener Kraft entstehen müssen.

In dieser Rolle berührt der Vermittler etwas Tiefes in den Beteiligten. Er zeigt ihnen, oft ohne Worte, dass es möglich ist, inmitten von Unsicherheit klar zu bleiben, inmitten von Schmerz offen zu bleiben, inmitten von Druck frei zu bleiben. Er lebt eine Haltung vor, die Mut macht, die inspiriert, die ansteckend wirkt. Und er tut dies nicht aus missionarischem Eifer, sondern aus innerer Notwendigkeit. Weil es keinen anderen Weg gibt, wirklich wirksam zu sein, ohne selbst Teil des Problems zu werden.

Neutralität ist also kein Rückzug, keine Passivität, kein Verzicht auf Einfluss. Sie ist die höchste Form von aktiver Gestaltung, die Form, die sich ihrer eigenen Grenzen bewusst ist und gerade deshalb in ihrer Wirksamkeit unübertroffen bleibt. Der Vermittler, der diese Form von Neutralität lebt, wird nicht über Systeme herrschen, sondern sie von innen heraus bewegen. Er wird nicht die Agenda bestimmen, sondern den Raum halten, in dem neue Agenden entstehen können. Er wird nicht die Konflikte entscheiden, sondern die Energie freisetzen, die nötig ist, damit die Beteiligten ihre eigenen, tragfähigen Lösungen finden können.

Diese Haltung verändert auch die Art und Weise, wie der Vermittler seine eigene Rolle versteht. Er sieht sich nicht als Akteur, der Probleme löst, sondern als Prozessgestalter, der Möglichkeiten eröffnet. Er misst seinen Erfolg nicht an der Zahl der abgeschlossenen Vereinbarungen, sondern an der Qualität der Beziehungen, die entstanden sind, an der Tiefe der Verständigung, die möglich wurde, an der Nachhaltigkeit der Veränderungen, die in Gang gesetzt wurden.

Neutralität in diesem tiefen Sinne ist daher nicht statisch, sondern dynamisch. Sie ist nicht Abwesenheit von Haltung, sondern Ausdruck einer Haltung, die komplex genug ist, um Widersprüche auszuhalten, flexibel genug, um sich auf neue Entwicklungen einzulassen, klar genug, um den eigenen inneren Kompass nicht zu verlieren. Sie ist eine Form von Führung, die weniger durch Machtausübung wirkt als durch das Schaffen von Resonanzräumen, in denen neue Wirklichkeiten entstehen können.

In einer Zeit, in der Vertrauen brüchig ist, in der Polarisierung zunimmt und in der alte Führungsmuster versagen, wird diese Form der neutralen Souveränität zu einer Schlüsselkompetenz für alle, die echte Veränderung ermöglichen wollen. Der Vermittler, der sie verkörpert, wird zu einer unsichtbaren Instanz von Stabilität, zu einem Fixpunkt in einem Meer von Unsicherheit, zu einem Leuchtturm, an dem sich andere orientieren können, auch wenn sie sich selbst noch in den Stürmen ihrer eigenen Konflikte verlieren. Die Souveränität des Vermittlers, die sich aus seiner Neutralität speist, ist keine statische Eigenschaft, sondern eine immer wieder neu zu erringende Haltung. Jeder neue Konflikt, jede neue Konstellation stellt ihn vor die Herausforderung, seine Neutralität nicht nur zu behaupten, sondern sie im Angesicht der spezifischen emotionalen Dynamiken tatsächlich zu leben. In jedem Prozess begegnet er neuen Versuchungen, sich zu identifizieren, Partei zu ergreifen, sich vereinnahmen zu lassen. Neutralität ist deshalb kein einmal erreichter Zustand, sondern ein kontinuierlicher innerer Prozess, eine Form der permanenten Selbstklärung, eine disziplinierte Aufmerksamkeit auf die feinen Bewegungen der eigenen inneren Landschaft.

Gerade in eskalierenden Konflikten, in Situationen hoher emotionaler Intensität, zeigt sich, wie stabil die Neutralität des Vermittlers wirklich ist. Wenn Vorwürfe laut werden, wenn Misstrauen den Raum erfüllt, wenn die Emotionen hochkochen, dann ist es leicht, in Reaktionsmuster zu verfallen, Partei zu ergreifen, sich von Sympathie oder Abneigung leiten zu lassen. Doch gerade dann braucht es die Kraft, einen inneren Schritt zurückzutreten, sich selbst in seiner emotionalen Bewegung zu beobachten, innezuhalten, bevor man handelt. Diese Form der inneren Achtsamkeit ist das Rückgrat neutraler Souveränität. Sie ist es, die es dem Vermittler ermöglicht, auch unter Druck klar zu bleiben, präsent zu bleiben, offen zu bleiben, ohne sich zu verlieren.

Neutralität bedeutet in diesem tieferen Sinne auch, die eigenen Bedürfnisse nach Kontrolle, Anerkennung oder Einfluss zu erkennen und zu regulieren. Ein Vermittler, der unbewusst nach Bestätigung sucht, wird anfällig für die subtilen Machtspiele der Konfliktparteien. Ein Vermittler, der um seine eigene Geltung ringt, wird die Dynamiken unbewusst in eine Richtung lenken, die seinem Bedürfnis dient, nicht aber der Verständigung der Beteiligten. Wahre Neutralität setzt deshalb eine tiefe innere Freiheit voraus: die Freiheit, nicht gebraucht werden zu müssen, die Freiheit, nicht siegen zu müssen, die Freiheit, nicht gefallen zu müssen. Diese Freiheit ist das Fundament der Souveränität, die den Vermittler unantastbar macht. In dieser Freiheit liegt auch die

Bereitschaft, Ergebnisse loszulassen. Der Vermittler hat keine Agenda im Sinne bestimmter Lösungen oder Resultate. Er arbeitet nicht auf ein vorab definiertes Ziel hin, sondern auf die Ermöglichung authentischer Prozesse. Er respektiert, dass manche Systeme noch nicht bereit sind für Veränderung, dass manche Konflikte eine Zeit der Reifung brauchen, dass manche Verständigungsprozesse scheitern müssen, um später auf höherer Ebene neu entstehen zu können. Seine Souveränität zeigt sich in der Fähigkeit, Prozesse zu begleiten, ohne sie zu erzwingen, Lösungen anzubieten, ohne sie aufzudrängen, Räume zu öffnen, ohne sie kontrollieren zu wollen.

Diese Haltung erfordert ein tiefes Vertrauen – nicht nur in die Prozesse, sondern auch in die Fähigkeit der Beteiligten zur eigenen Entwicklung. Der Vermittler glaubt an die Selbstheilungskräfte von Systemen, an die Möglichkeit von Erkenntnis, an die Fähigkeit von Menschen, sich selbst und ihre Beziehungen neu zu gestalten, wenn die Bedingungen stimmen. Dieses Vertrauen ist keine naive Hoffnung, sondern eine realistische, erfahrungsbasierte Einsicht. Es ist die stille Überzeugung, dass hinter jedem Widerstand, hinter jedem Konflikt, hinter jeder Verhärtung ein lebendiges System von Bedürfnissen, Ängsten und Sehnsüchten liegt, dass die Fähigkeit besitzt, sich zu wandeln, wenn es die Chance dazu erhält. Neutralität bedeutet auch, den eigenen Einfluss nicht zu überschätzen. Der Vermittler weiss, dass er Prozesse begleiten, aber nicht kontrollieren kann. Er kann Impulse setzen, Rahmenbedingungen gestalten, Resonanzräume öffnen, aber er kann nicht erzwingen, dass Wandel geschieht. Diese Demut bewahrt ihn davor, in die Falle der Allmachtsfantasie zu geraten, die viele klassische Führungsfiguren irgendwann einholt. Sie bewahrt ihn davor, sich selbst zum Zentrum der Prozesse zu machen. Und sie ermöglicht ihm, wirksam zu sein, ohne die Autonomie der Beteiligten zu gefährden. Gerade diese Wahrung der Autonomie macht den Vermittler so vertrauenswürdig. In einer Welt, in der Manipulation allgegenwärtig ist, in der Führung oft mit Bevormundung verwechselt wird, erleben die Beteiligten in der Arbeit mit einem neutralen Vermittler etwas Seltenes: den Respekt vor ihrer eigenen Mündigkeit, die Achtung vor ihrer eigenen Entscheidungsfähigkeit. Der Vermittler gibt ihnen nicht Antworten vor. Er lädt sie ein, eigene Antworten zu finden. Er diktiert ihnen keine Lösungen. Er begleitet sie auf dem Weg, ihre eigenen Lösungen zu entdecken und zu gestalten. Dieses Vertrauen in die Kompetenz der Beteiligten ist der eigentliche Motor nachhaltiger Veränderung.

Souveränität durch Neutralität bedeutet auch, in der Arbeit mit unterschiedlichen Interessen nicht in die Falle des faulen Kompromisses zu geraten. Neutralität ist nicht Gleichgültigkeit. Der Vermittler ist nicht neutral im Sinne von Desinteresse an Wahrheit, Gerechtigkeit oder Würde. Er ist neutral in Bezug auf die Interessen der Parteien, aber er ist zutiefst engagiert für die Qualität des Prozesses, für die Tiefe der Verständigung, für die Echtheit der Lösungen. Er hütet den Raum, in dem sich diese Qualitäten entfalten können. Und er interveniert, wenn der Prozess Gefahr läuft, in taktischen Spielchen oder kosmetischen Vereinbarungen zu erstarren. In dieser Verantwortung liegt eine paradoxe Spannung: Der Vermittler ist gleichzeitig der neutralste und der engagierteste Akteur im Raum. Neutral im Sinne der Parteilichkeit gegenüber Positionen, engagiert im Sinne der Verpflichtung auf Integrität, Echtheit und Transformation. Er hält diese Spannung aus, ohne sie auflösen zu müssen. Er lebt in der Polarität von Nähe und Distanz, von Beteiligung und Zurückhaltung, von Einfluss und

Loslassen. Und genau in dieser Fähigkeit zur Polarität zeigt sich seine wahre Souveränität.

Diese Haltung ist nicht angeboren. Sie ist das Ergebnis eines kontinuierlichen inneren Reifungsprozesses, einer ständigen Arbeit an sich selbst, einer immer tiefer werdenden Selbsterkenntnis. Der Vermittler wird nicht geboren, er wird gemacht – durch Erfahrung, durch Reflexion, durch die Bereitschaft, eigene Grenzen zu erkennen und zu überwinden. Seine Neutralität ist kein Status, den er einmal erreicht und dann besitzt. Sie ist eine Praxis, ein tägliches Ringen um Klarheit, um Integrität, um Präsenz.

Und gerade deshalb strahlt sie eine Kraft aus, die stärker ist als jede Form klassischer Autorität. Die Beteiligten spüren diese Kraft. Sie spüren, dass sie dem Vermittler vertrauen können, weil er nichts von ihnen braucht, weil er nichts von ihnen will, ausser dass sie sich selbst und einander auf neue Weise begegnen. Sie spüren, dass sie in seiner Gegenwart nicht kämpfen müssen um Anerkennung, nicht taktieren müssen um Einfluss, nicht verteidigen müssen, was ihnen heilig ist. Sie spüren, dass sie in seiner Gegenwart sein dürfen, wer sie sind – und gerade dadurch sich verändern können.

Souveränität durch Neutralität ist damit nicht nur eine professionelle Kompetenz. Sie ist eine Haltung, die das Wesen des Vermittlers prägt. Sie macht ihn zu einem Raum, in dem Verständigung möglich wird, nicht weil die Konflikte verschwinden, sondern weil sie in einer Weise gehalten werden, die Entwicklung ermöglicht. Sie macht ihn zu einem Spiegel, in dem die Beteiligten sich selbst erkennen können, nicht in ihrer Rolle, nicht in ihrer Verteidigung, sondern in ihrer Menschlichkeit. Und sie macht ihn zu einem

Katalysator von Wandel, der leise, unspektakulär und dennoch tiefgreifend wirkt.

In einer Zeit, in der Systeme sich zusehends verhärten, in der Diskurse sich polarisieren, in der Führung oft in autoritäre Reflexe zurückfällt oder sich in Beliebigkeit verliert, ist diese Form der neutralen Souveränität keine luxuriöse Option. Sie ist eine Notwendigkeit. Eine Notwendigkeit für alle, die nicht nur reagieren wollen auf die Krisen unserer Zeit, sondern die Räume schaffen wollen, in denen echte Erneuerung möglich wird.

Der Vermittler, der diese Haltung verkörpert, wird zu einer der wichtigsten Figuren der Zukunft. Nicht, weil er sich selbst ins Zentrum stellt. Sondern weil er Räume eröffnet, in denen andere wachsen können. Nicht, weil er Macht ausübt. Sondern weil er Macht transformiert. Nicht, weil er Konflikte löst. Sondern weil er Menschen befähigt, Konflikte auf eine neue Weise zu leben – als Chancen für Entwicklung, als Gelegenheiten für Reifung, als Quellen neuer gemeinsamer Wirklichkeit.

Notizen:

Notizen:

Kapitel 6. Sprache als Werkzeug – Präzision in Wort und Wirkung

Sprache ist das mächtigste Werkzeug, das der Vermittler besitzt. Und doch ist sie weit mehr als ein blosses Mittel der Übermittlung von Informationen. Sprache erschafft Wirklichkeit. Sie definiert Räume des Denkens, begrenzt oder erweitert Horizonte des Möglichen, formt Beziehungen und steuert Emotionen. In der Kunst der Vermittlung ist Sprache nicht Instrument, sondern Substanz. Der Vermittler gestaltet Verständigung nicht durch die blosse Wahl seiner Worte, sondern durch die Art und Weise, wie er Wirklichkeiten sprachlich hervorbringt, Resonanz erzeugt, emotionale Felder berührt und neue Möglichkeiten in den Raum stellt. Sprache ist sein feinstes, zugleich sein gefährlichstes und wirksamstes Werkzeug.

In der Welt klassischer Verhandlungen wird Sprache oft auf ihre instrumentelle Dimension reduziert. Worte werden eingesetzt wie Werkzeuge in einem taktischen Spiel. Argumente werden gebaut wie Mauern, rhetorische Tricks werden angewendet wie Waffen. Doch wo Sprache nur als Mittel der Durchsetzung dient, verliert sie ihre tiefergehende transformative Kraft. Der Vermittler, der echte Verständigung ermöglichen will, nutzt Sprache auf eine andere Weise. Für ihn ist Sprache kein Kampfmittel, sondern ein Resonanzraum. Er spricht nicht, um zu gewinnen. Er spricht, um Begegnung möglich zu machen.

Präzision in der Sprache bedeutet für den Vermittler deshalb nicht nur Klarheit der Argumentation. Präzision bedeutet die Fähigkeit, Worte so zu wählen, dass sie die inneren Realitäten der Beteiligten berühren, ohne sie zu verletzen. Worte so zu gestalten, dass sie Räume öffnen statt zu verschliessen. Sprache so einzusetzen, dass sie nicht bloss informiert, sondern transformiert. Diese Form der sprachlichen Präzision verlangt eine tiefe Achtsamkeit für die Wirkung jedes Satzes, jedes Bildes, jedes Tons. Ein Wort, das unbedacht ausgesprochen wird, kann eine Front verhärten, die gerade zu bröckeln begann. Eine Formulierung, die unachtsam gewählt wird, kann eine Verletzung reaktivieren, die mühsam beruhigt worden war. Der Vermittler weiss um diese Macht der Sprache und geht mit ihr um wie ein Bildhauer mit dem feinsten Werkzeug, bewusst, präzise, respektvoll. Er spricht nie achtlos. Er wägt ab, nicht aus taktischer Berechnung, sondern aus dem tiefen Wissen um die Zerbrechlichkeit der Räume, in denen er arbeitet.

Sprache wird in der Vermittlung zum Schöpfungsakt. Indem der Vermittler bestimmte Worte wählt, bringt er bestimmte Wirklichkeiten hervor. Indem er bestimmte Metaphern nutzt, lenkt er die Wahrnehmung auf bestimmte Dimensionen der Erfahrung. Indem er bestimmte Fragen stellt, eröffnet er neue Denkräume, in denen bisher Unaussprechliches gedacht, bisher Unmögliches erwogen werden kann. Jedes Wort ist ein Angebot an die Wirklichkeit. Und jedes Wort trägt die Verantwortung dafür, welche Wirklichkeit es ermöglicht oder verhindert.

Diese Verantwortung nimmt der Vermittler nicht leicht. Er weiss, dass Sprache nicht neutral ist. Worte tragen Geschichte in sich, tragen kulturelle Bedeutungen, emotionale Ladungen, unausgesprochene Bewertungen. Ein Begriff, der in einem Kontext verbindend wirkt, kann in einem anderen Kontext trennend wirken. Eine Formulierung, die in einer Kultur als höflich gilt, kann in einer anderen als herablassend empfunden werden. Der Vermittler muss diese Kontexte kennen, muss diese Feinheiten spüren, muss die emotionale Architektur der Sprache so sicher beherrschen wie ein Musiker die Stimmung seines Instruments. Präzision in der

Sprache bedeutet deshalb auch Sensibilität für die Resonanz-räume der Beteiligten. Der Vermittler hört nicht nur auf den In-halt dessen, was gesagt wird. Er hört auf die Melodie der Stim-men, auf die Geschwindigkeit der Rede, auf die Pausen zwischen den Worten. Er hört auf das, was nicht gesagt wird, auf das, was unter der Oberfläche schwingt. Und er antwortet nicht nur auf der Ebene der Argumente, sondern auf der Ebene der inneren Be-wegungen, die durch die Sprache sichtbar werden.

Diese Art des Hörens und Sprechens ist eine hohe Kunst. Sie ver-langt Präsenz in jedem Moment. Sie verlangt die Fähigkeit, die ei-gene Agenda zurückzustellen und sich vollständig auf die Dynamik des Gesprächs einzulassen. Sie verlangt die Bereitschaft, sich be-rühren zu lassen, ohne sich zu verlieren. Und sie verlangt eine sprachliche Disziplin, die nicht aus Künstlichkeit, sondern aus Wahrhaftigkeit erwächst.

Präzise Sprache ist keine kalte Sprache. Sie ist keine Sprache der blossen Fakten. Sie ist eine Sprache, die Kopf und Herz zugleich erreicht. Sie ist klar, aber nicht schneidend. Sie ist differenziert, aber nicht kompliziert. Sie ist kraftvoll, aber nicht überwältigend. Sie schafft Räume, in denen sich Menschen sicher genug fühlen, um sich zu öffnen, um zu forschen, um neue Antworten zu finden, die nicht auf Verteidigung, sondern auf echter Begegnung beru-hen.

Der Vermittler nutzt Sprache auch, um Spannungen sichtbar zu machen, ohne sie zu eskalieren. Er benennt, was im Raum ist, ohne zu beschämen. Er spiegelt Emotionen, ohne zu dramatisie-ren. Er artikuliert Konflikte, ohne Partei zu ergreifen. In seinen Worten finden sich die Beteiligten wieder, ohne sich entblösst zu fühlen. Sie spüren, dass sie gesehen werden, dass ihre inneren

Realitäten ernst genommen werden, dass sie nicht reduziert werden auf Positionen oder Etiketten. In dieser Erfahrung wächst Vertrauen. Und Vertrauen ist die Voraussetzung für jeden echten Verständigungsprozess. Sprache wird so zum Medium der Transformation. Der Vermittler webt aus Worten ein Netz von Möglichkeiten, in dem sich neue Perspektiven entfalten können. Er erzählt Geschichten, die neue Identitäten ermöglichen. Er entwickelt Narrative, die alte Feindbilder auflösen. Er schafft sprachliche Landschaften, in denen Menschen sich selbst und einander auf neue Weise begegnen können. Diese Arbeit an der Sprache ist niemals abgeschlossen. Jeder Satz, jedes Gespräch, jede Intervention ist ein neues Wagnis, ein neuer Schöpfungsakt.

Der Vermittler muss bereit sein, immer wieder zu lernen, immer wieder zu justieren, immer wieder zu prüfen, welche Worte tragen und welche brechen, welche Worte verbinden und welche trennen. Er muss die Demut haben, eigene Fehler zu erkennen und die Grösse, aus ihnen zu lernen. In der Tiefe bedeutet Präzision in der Sprache auch Präzision im Denken und Fühlen. Der Vermittler spricht nicht präzise, weil er rhetorisch geschickt ist. Er spricht präzise, weil er klar fühlt, weil er klar denkt, weil er in sich selbst Räume geschaffen hat, in denen Komplexität ausgehalten und Ambivalenz integriert werden kann. Seine Sprache ist Ausdruck seiner inneren Arbeit, nicht blosses Produkt äusserer Technik. Deshalb ist Sprache für den Vermittler nicht nur ein Werkzeug der Vermittlung. Sie ist Ausdruck seiner Haltung, seines Selbstverständnisses, seiner Ethik. Sie ist Spiegel seiner Beziehung zur Welt und zu den Menschen, mit denen er arbeitet. Und sie ist der feine Faden, mit dem er neue soziale Gewebe webt, neue Verständigungsräume knüpft, neue Zukunftsmöglichkeiten erschafft. Die Macht der Sprache liegt nicht in der Lautstärke der Worte, sondern in ihrer Fähigkeit, Wirklichkeiten zu öffnen. Der Vermittler weiss um diese Macht. Und er geht achtsam mit ihr um. Weil er weiss, dass jedes Wort eine Welt berühren kann. Und dass jede Welt, die berührt wird, die Chance birgt, sich zu verändern.

Der Vermittler, der Sprache auf dieser tiefen Ebene begreift, entwickelt eine feine Sensibilität für die Momente, in denen Worte mehr zerstören als heilen. Er erkennt, wann Schweigen kraftvoller ist als jede Erklärung, wann ein bewusst gesetzter Moment der Stille mehr Raum öffnet als ein noch so klug formulierter Satz. Er versteht, dass auch das Ungesagte Teil des Gesprächs ist, dass auch Pausen sprechen, dass auch die Spannung zwischen den Worten eine eigene Sprache ist, die gehört und geachtet werden will. In dieser feinen Balance zwischen Sprechen und Schweigen, zwischen Worten und Räumen entfaltet sich die wahre Meisterschaft sprachlicher Präzision.

In diesem Verständnis wird Sprache zu einer Form der Berührung. Nicht nur das Denken wird erreicht, sondern das Fühlen, das Erleben, das Sein des Gegenübers. Sprache, die berührt, transformiert nicht durch Argumente, sondern durch Resonanz. Sie schafft Erlebnisse der Zugehörigkeit, der Anerkennung, des Gehörtwerdens. Sie ermöglicht das Entstehen neuer innerer Geschichten, neuer Selbstbilder, neuer Möglichkeiten des In-der-Welt-Seins.

Gerade deshalb braucht der Vermittler eine tiefe Verantwortung im Umgang mit Sprache. Jede unsensible Formulierung, jede unbedachte Metapher, jede taktische Zuspitzung kann Vertrauen zerstören, noch bevor es sich festigen konnte. In der Welt der Vermittlung gibt es keinen Raum für sprachliche Unachtsamkeit. Jedes Wort ist eine Entscheidung. Und jede Entscheidung hat Konsequenzen – nicht nur für den Verlauf des Gesprächs, sondern für die Tiefe der Beziehung, für die Möglichkeit echter Verständigung, für die Zukunft ganzer Systeme. Diese Verantwortung bedeutet nicht, in sprachliche Beliebigkeit oder blosse Höflichkeit zu verfallen. Der Vermittler spricht die Wahrheit aus. Aber er tut es auf eine Weise, die nicht vernichtet, sondern klärt, die nicht anklagt, sondern einlädt, die nicht demütigt, sondern würdigt. Er wählt Worte, die den Kern einer Situation präzise benennen und zugleich die Würde aller Beteiligten achten. In dieser Verbindung von Klarheit und Mitgefühl liegt die eigentliche Kunst der sprachlichen Vermittlung.

Sprache, die auf diese Weise eingesetzt wird, wird selbst zum Prozess der Heilung. Sie bricht eingefrorene Fronten auf, nicht durch Gewalt, sondern durch das stille Eröffnen neuer Perspektiven. Sie löst emotionale Blockaden, nicht durch Überredung, sondern durch Resonanz. Sie ermöglicht neue Verbindungen, nicht durch Vereinheitlichung, sondern durch die Würdigung von Differenz. Der Vermittler wird so zum Weber eines Netzes aus Worten, in dem sich neue soziale Realitäten bilden können.

Diese Art des Sprechens ist nicht spektakulär. Sie verzichtet auf rhetorische Effekte, auf intellektuelle Brillanz, auf emotionale Dramatisierung. Ihre Kraft liegt in der Stille, die sie ermöglicht, in der Tiefe, die sie eröffnet, in der Authentizität, die sie verkörpert. Der Vermittler braucht keine grossen Gesten, um Wirkung zu entfalten. Sein grösstes Werkzeug ist die stille Präzision seiner Sprache, die genau das sagt, was gesagt werden muss – nicht mehr, nicht weniger. In der Arbeit mit Sprache wird der Vermittler auch immer wieder mit der eigenen inneren Wahrheit konfrontiert. Denn nur wer sich selbst klar ausdrücken kann, kann andere klar erreichen. Nur wer den Mut hat, eigene Unsicherheiten, eigene Ambivalenzen, eigene Grenzen sprachlich zu integrieren, kann auch bei anderen den Raum dafür öffnen. Sprache wird so zum Spiegel innerer Authentizität. Der Vermittler spricht nicht nur zu den anderen. Er spricht immer auch zu sich selbst. Diese Spiegelung erfordert eine hohe emotionale Reife. Denn Sprache entlarvt auch. Sie zeigt, wo der Vermittler selbst noch in Mustern gefangen ist, wo er sich noch schützt, wo er noch nicht vollständig präsent ist. Jeder sprachliche Akt wird so zur Gelegenheit, eigene Integrität zu prüfen, eigene Klarheit zu vertiefen, eigene Präsenz zu schärfen. Die Arbeit mit Sprache wird zur Arbeit an sich selbst.

Und gerade in dieser beständigen Selbstreflexion wächst die Kraft der Vermittlung. Der Vermittler wird zu einem Sprachraum, der andere einlädt, sich selbst neu zu hören, neu zu verstehen, neu zu gestalten. Er bietet kein fertiges Deutungsangebot. Er öffnet Möglichkeitsräume. Er führt nicht, indem er vorgibt, sondern indem er Resonanz ermöglicht, neue Bedeutungsfelder erschliesst, neue Denk- und Fühlwege anbietet.

Sprache ist in diesem tiefen Verständnis nicht primär Mittel zur Einflussnahme. Sie ist Medium der Begegnung, Feld der Co-Kreation, Instrument der Emergenz. In ihr begegnen sich Subjektivitäten, nicht um sich zu übertrumpfen, sondern um sich zu erweitern. In ihr entstehen neue Realitäten, nicht weil sie diktiert werden, sondern weil sie gemeinsam entworfen werden. In ihr wird Verständigung nicht erzwungen, sondern geboren.

Der Vermittler, der diese Dimension von Sprache versteht und lebt, wird zu einem leisen Revolutionär. Er verändert die Logik der Kommunikation, nicht indem er sie bekämpft, sondern indem er sie von innen heraus transformiert. Er bringt eine neue Qualität von Präsenz in Gespräche, eine neue Qualität von Verbindung in Beziehungen, eine neue Qualität von Zukunft in Systeme. In einer

Welt, die von schnellen Botschaften, lauten Parolen und oberflächlichen Diskursen dominiert wird, ist diese Arbeit an der Tiefe der Sprache radikal. Sie widersetzt sich der Beschleunigung, der Banalisierung, der Instrumentalisierung von Kommunikation. Sie fordert Entschleunigung, Achtsamkeit, Echtheit. Und sie eröffnet damit Wege zu Verständigung, die tiefer gehen, tragfähiger sind und wahrhaftiger wirken als jede taktische Verhandlung.

Sprache als Werkzeug bedeutet für den Vermittler deshalb auch: Sprache als Verantwortung zu begreifen. Verantwortung dafür, welche Wirklichkeiten er mit seinen Worten erschafft. Verantwortung dafür, welche Türen er öffnet und welche er verschliesst. Verantwortung dafür, ob er Räume der Begegnung ermöglicht oder Mauern der Abgrenzung errichtet.

Diese Verantwortung ist gross. Aber sie ist auch befreiend. Denn sie gibt dem Vermittler die Macht, echte Veränderungen zu initiieren – nicht durch äusseren Druck, sondern durch innere Resonanz. Nicht durch äussere Kontrolle, sondern durch die Einladung zu innerer Bewegung. Nicht durch die Durchsetzung eigener Interessen, sondern durch die Ermöglichung gemeinsamer neuer Wirklichkeiten.

Der Vermittler, der Sprache in dieser Tiefe versteht und lebt, wird so zum Architekten einer neuen Form der Verständigung. Einer Verständigung, die nicht auf Kompromissen basiert, sondern auf Transformation. Einer Verständigung, die nicht Differenz tilgt, sondern sie integriert. Einer Verständigung, die nicht auf Kontrolle setzt, sondern auf Co-Kreation. Sprache ist dabei sein feinstes Werkzeug – und seine grösste Kraft.

Notizen:

Kapitel 7. Macht, Einfluss und Vertrauen – Wie Vermittler unsichtbare Brücken schlagen

Macht ist eines der ältesten Themen menschlicher Gemeinschaft. Sie durchzieht Familien, Unternehmen, Staaten und Kulturen wie ein unsichtbarer Strom, der alles bewegt, was sichtbar ist, und doch selbst kaum greifbar bleibt. Macht manifestiert sich in Worten, Gesten, Institutionen, Gesetzen. Aber ihre wahre Natur liegt tiefer, verborgen unter den sichtbaren Strukturen. Sie liegt in der Fähigkeit, Wirklichkeit zu gestalten, in der Möglichkeit, Bedeutungen zu setzen, Beziehungen zu formen, Bewegungen zu initiieren. Macht ist weder per se gut noch böse. Sie ist die Kraft, die ermöglicht, die verändert, die gestaltet. Und sie ist das zentrale Element in jedem Vermittlungsprozess, ob offen anerkannt oder still verdrängt.

Der Vermittler bewegt sich in diesem Feld der Macht mit einer besonderen Haltung. Er strebt nicht nach Macht um ihrer selbst willen, er sucht nicht Kontrolle, er verlangt nicht Herrschaft. Aber er versteht, dass er in jedem Moment, in dem er in Systeme eingreift, Macht ausübt – subtil, indirekt, unsichtbar. Er weiss, dass seine Worte, seine Fragen, seine blosse Präsenz Kräfte in Bewegung setzen, die die Struktur des Systems verändern können. Er ist sich der Macht bewusst, die in der Gestaltung von Bedeutungsräumen liegt, in der Steuerung von Aufmerksamkeit, in der Einladung zu neuen Perspektiven.

Macht in der Vermittlung ist keine Machtausübung im klassischen Sinne. Sie ist die Fähigkeit, Räume zu schaffen, in denen neue Möglichkeiten entstehen. Sie ist die Fähigkeit, Unsichtbares sichtbar zu machen, Erstarrtes in Bewegung zu bringen, Blockiertes wieder fliessen zu lassen. Diese Macht wirkt nicht durch Zwang, sondern durch Einfluss. Und Einfluss in der Vermittlung ist immer unsichtbar, immer indirekt, immer an die Integrität des Prozesses gebunden. Der Vermittler weiss, dass echter Einfluss nicht durch Manipulation entsteht, sondern durch Resonanz, nicht durch Überredung, sondern durch Ermöglichung, nicht durch Lautstärke, sondern durch Tiefe.

Einfluss ist dabei ein paradoxes Phänomen. Er wächst nicht durch direkte Steuerung, sondern durch Loslassen. Er entsteht nicht aus Dominanz, sondern aus Präsenz. Er wirkt nicht durch Kontrolle, sondern durch Vertrauen. Der Vermittler, der diese paradoxe Dynamik versteht, verzichtet auf die klassischen Werkzeuge der Machtausübung – Drohung, Belohnung, Manipulation – und setzt stattdessen auf die stille Kraft von Authentizität, Klarheit und Resonanz. Er baut keine Festungen aus Worten. Er schlägt Brücken aus Vertrauen.

Vertrauen ist die unsichtbare Währung jeder Vermittlung. Ohne Vertrauen gibt es keine Verständigung, keine Öffnung, keine Bewegung. Vertrauen entsteht nicht durch Versprechen, nicht durch Versicherungen, nicht durch Rhetorik. Vertrauen entsteht durch die Erfahrung von Sicherheit, durch das Erleben von Wahrhaftigkeit, durch das stille Wissen, dass der Vermittler den Raum hält, ohne ihn zu dominieren, dass er Prozesse gestaltet, ohne sie zu manipulieren, dass er Beziehungen ermöglicht, ohne sie auszunutzen.

Vertrauen ist ein zartes Gewebe, das in jedem Moment neu gewebt werden muss. Es entsteht langsam, in kleinen Erfahrungen gegenseitiger Anerkennung, in Momenten des echten Zuhörens, in Gesten der Wertschätzung. Und es kann in einem einzigen

Moment der Unachtsamkeit zerstört werden. Der Vermittler trägt diese Zerbrechlichkeit wie eine stille Last, die ihn in seiner Arbeit begleitet. Er weiss, dass jedes Wort, jede Geste, jede Intervention entweder Vertrauen stärkt oder untergräbt. Und er handelt in jedem Moment mit der Achtsamkeit eines Gärtners, der weiss, wie lange es dauert, eine Pflanze zu nähren, und wie schnell sie verdorren kann.

Die unsichtbaren Brücken, die der Vermittler schlägt, entstehen aus dieser Verbindung von Machtbewusstsein, Einflusskunst und Vertrauensfähigkeit. Sie entstehen nicht durch Pläne oder Strategien, sondern durch die Qualität der Beziehung, die er aufbaut. Eine Beziehung, die auf gegenseitigem Respekt beruht, auf echter Präsenz, auf der Bereitschaft, den anderen wirklich zu sehen, wirklich zu hören, wirklich zu würdigen. In dieser Beziehung wird Verständigung möglich, nicht als taktisches Manöver, sondern als existenzielle Erfahrung.

Der Vermittler nutzt seine Macht nicht, um sich selbst zu erhöhen, sondern um Räume der Selbstermächtigung für die Beteiligten zu schaffen. Er nutzt seinen Einfluss nicht, um andere zu lenken, sondern um ihnen neue Sichtweisen zu eröffnen. Er nutzt das Vertrauen, das ihm entgegengebracht wird, nicht, um Abhängigkeiten zu erzeugen, sondern um Autonomie zu fördern. In dieser Haltung wird Macht transformiert: von einem Mittel der Kontrolle zu einem Medium der Gestaltung, von einem Instrument der Durchsetzung zu einer Quelle neuer Möglichkeiten.

Diese Arbeit ist leise, oft unsichtbar. Sie vollzieht sich in den Zwischentönen eines Gesprächs, im Innehalten vor einer Frage, im stillen Bestätigen eines unausgesprochenen Bedürfnisses. Der Vermittler greift nicht ein, um Prozesse zu beschleunigen. Er begleitet sie, um sie zu vertiefen. Er steuert nicht Ergebnisse, er gestaltet Bedingungen. Er manipuliert nicht, er ermöglicht Entfaltung. Und gerade dadurch wird er zum mächtigsten Akteur im Raum, ohne jemals Macht auszuüben im klassischen Sinne.

Macht, Einfluss und Vertrauen bilden in der Vermittlung ein feines, sensibles Geflecht. Jeder Eingriff verändert die Spannungen in diesem Geflecht. Jede Intervention kann neue Räume öffnen oder alte Wunden reissen. Der Vermittler lebt in diesem Spannungsfeld mit einer Wachsamkeit, die nicht aus Angst, sondern aus Respekt entsteht. Er weiss um die Verantwortung, die in jedem Wort liegt, in jeder Geste, in jeder stillen Entscheidung, wann zu sprechen und wann zu schweigen ist.

Seine grösste Macht liegt in seiner Fähigkeit, sich selbst zurückzunehmen, seine eigenen Interessen, seine eigenen Eitelkeiten, seine eigenen Bedürfnisse nicht in den Vordergrund zu stellen. In der Fähigkeit, dem Prozess zu dienen, nicht dem eigenen Ego. In der Fähigkeit, den Raum zu halten, auch wenn er selbst in Versuchung gerät, Partei zu ergreifen, sich einzumischen, die Kontrolle an sich zu reissen. Diese Selbstzurücknahme ist keine Schwäche. Sie ist die höchste Form von Souveränität.

Durch diese Haltung wird der Vermittler zu einem unsichtbaren Brückenbauer. Er schafft Verbindungen, wo andere Mauern sehen. Er öffnet Räume, wo andere Fronten vermuten. Er ermöglicht Begegnung, wo andere nur Konfrontation erwarten. Seine Arbeit bleibt oft unbemerkt, seine Wirkung entfaltet sich leise, seine Erfolge werden selten ihm zugeschrieben. Und doch verändert er Systeme auf eine Weise, die tiefer geht als jede Machtübernahme, nachhaltiger wirkt als jede autoritäre Reform. Die unsichtbaren Brücken, die er schlägt, sind die Grundlage für jede echte Transformation. Denn Wandel entsteht nicht durch Zwang, sondern durch neue Beziehungen. Nicht durch Verordnungen, sondern durch geteilte Bedeutungen. Nicht durch Kommandos, sondern durch geteilte Zukunftsbilder. Der Vermittler wird zum Hüter dieser neuen Beziehungen, zum Architekten dieser neuen Bedeutungen, zum Ermöglicher dieser neuen Zukunftsbilder.

In einer Zeit, in der das Vertrauen in Institutionen erodiert, in der alte Machtstrukturen zerbrechen und neue noch nicht stabil sind, wird diese Fähigkeit zu einem unschätzbaren Gut. Der Vermittler, der Macht, Einfluss und Vertrauen in diesem tiefen Sinne versteht und lebt, wird zu einer der wichtigsten Gestalten der kommenden Ära. Nicht im Vordergrund, nicht in der ersten Reihe, nicht auf den Titelseiten der Zeitungen. Sondern im Innersten der Prozesse, in den stillen Zentren der Systeme, in den unsichtbaren Räumen, in denen die wirkliche Zukunft gemacht wird.

Vertrauen ist die Grundlage jeder Brücke, die der Vermittler schlägt, doch Vertrauen ist kein Geschenk, das einfach entgegengenommen wird. Es ist ein Prozess, der stetig gepflegt werden muss, ein lebendiges Gewebe, das in jedem Moment wachsen oder reissen kann. Der Vermittler weiss, dass Vertrauen weniger durch Worte entsteht als durch die Übereinstimmung von Worten und Taten. Durch die Erfahrung der Beteiligten, dass der Raum, den er schafft, hält, auch wenn Spannungen steigen. Dass seine Neutralität nicht zur Floskel verkommt, auch wenn Interessen an ihm zerren. Dass seine Aufmerksamkeit nicht schwindet, auch wenn der Prozess langwierig wird und seine Geduld herausfordert. Vertrauen entsteht im Erleben der Stabilität des Vermittlers, seiner Standhaftigkeit, seiner Integrität unter Druck. Diese Integrität ist keine starre Haltung. Sie ist beweglich, anpassungsfähig, lebendig. Der Vermittler passt sich an neue Dynamiken an, reagiert auf Veränderungen im System, bleibt offen für das, was entstehen will – und bleibt doch innerlich unverrückbar in seiner Ausrichtung auf Wahrhaftigkeit, Achtung und Ermöglichung. Diese Mischung aus Flexibilität im Handeln und Stabilität im Sein macht ihn zur stabilen Mitte in oft chaotischen Prozessen. Die Beteiligten spüren diese Mitte, auch wenn sie sie nicht benennen können. Sie spüren, dass der Vermittler ihnen nicht den Ausgang vorschreibt, sondern den Raum öffnet, in dem sie selbst Wege finden können, die sie vorher nicht einmal zu erahnen wagten.

In dieser Arbeit wird deutlich, dass der Vermittler nicht nur Brücken zwischen Konfliktparteien baut. Er baut auch Brücken innerhalb der Beteiligten selbst. Er hilft ihnen, die Kluft zwischen ihren inneren Widersprüchen zu überwinden, die Spannung zwischen ihrem Wunsch nach Veränderung und ihrer Angst davor, die Diskrepanz zwischen ihrem äusseren Auftreten und ihren inneren Bedürfnissen. Diese inneren Brücken sind oft die Voraussetzung dafür, dass äussere Verständigung gelingen kann. Denn wer in sich selbst zerrissen bleibt, wird kaum in der Lage sein, echte Verbindung mit anderen einzugehen.

Der Vermittler unterstützt diese inneren Prozesse nicht durch Analyse oder Interpretation, sondern durch Präsenz und Resonanz. Er gibt Raum für Unsicherheit, für Ambivalenz, für Widerspruch. Er fordert keine schnellen Lösungen, sondern erlaubt das Ausreifen innerer Bewegungen. Er weiss, dass Verständigung nicht erzwungen werden kann, weder zwischen Menschen noch innerhalb eines Menschen. Verständigung geschieht, wenn die Zeit reif ist, wenn die inneren Voraussetzungen stimmen, wenn das Vertrauen stark genug ist, um das Risiko echter Begegnung zu tragen. Das Schlagen unsichtbarer Brücken ist deshalb eine Arbeit der Geduld und der tiefen Achtung vor der Eigenzeit jedes

Prozesses. Der Vermittler drängt nicht. Er wartet. Er beobachtet. Er erspürt die feinen Signale, die anzeigen, dass Bewegung möglich wird. Und er setzt genau die richtigen Impulse, nicht zu früh, nicht zu spät, nicht zu stark, nicht zu schwach. Diese feine Kunst des Timings unterscheidet den grossen Vermittler vom blossen Techniker der Verständigung. Sie verlangt eine tiefe Intuition, die nur wächst, wo Erfahrung, Reflexion und innere Arbeit Hand in Hand gehen. Die Brücken, die so entstehen, sind nicht spektakulär. Sie sind oft unsichtbar für Aussenstehende. Aber sie tragen. Sie ermöglichen Verbindungen, wo vorher nur Abgrenzung war. Sie schaffen Vertrauen, wo Misstrauen herrschte. Sie eröffnen Möglichkeiten, wo Blockaden unüberwindbar schienen. Und sie verändern nicht nur einzelne Beziehungen oder Organisationen, sondern ganze Kulturen der Kommunikation, des Umgangs miteinander, der Gestaltung von Zukunft.

In einer Welt, die zunehmend von Fragmentierung bedroht ist, in der Misstrauen wächst und Verständigung immer schwieriger wird, sind diese Brücken von unschätzbarem Wert. Sie sind die stillen Infrastrukturen einer lebendigen Gesellschaft, die Basis jeder echten Innovation, die Voraussetzung für nachhaltigen Wandel. Ohne sie werden Systeme instabil, Communities zerfallen, Organisationen werden anfällig für innere und äussere Krisen. Der Vermittler ist der Architekt dieser unsichtbaren Infrastrukturen. Und seine Arbeit ist wichtiger denn je.

Dabei bleibt er selbst oft im Hintergrund. Er beansprucht keinen Ruhm für die Brücken, die er schlägt. Er drängt sich nicht in den Vordergrund der Geschichten, die auf diesen Brücken neu geschrieben werden. Er wirkt, indem er wirkt. Er gestaltet, indem er Räume eröffnet, in denen andere gestalten können. Seine grösste

Anerkennung besteht darin, dass er entbehrlich wird, dass die Brücken halten, auch wenn er längst weitergezogen ist.

Diese Haltung erfordert eine tiefe Bescheidenheit, die in krassem Gegensatz zur Logik klassischer Führungskarrieren steht. Der Vermittler misst seinen Erfolg nicht an Titeln, nicht an Positionen, nicht an öffentlicher Sichtbarkeit. Er misst ihn an der Tiefe der Verständigung, die er ermöglicht hat, an der Qualität der Beziehungen, die entstanden sind, an der Nachhaltigkeit der Entwicklungen, die in Gang gesetzt wurden. Diese andere Form von Erfolg ist leiser, aber tiefer. Weniger sichtbar, aber unendlich wirksamer.

In dieser leisen Wirksamkeit liegt die wahre Macht des Vermittlers. Eine Macht, die nicht auf Dominanz beruht, sondern auf Resonanz. Eine Macht, die nicht zerstört, sondern aufbaut. Eine Macht, die nicht unterwirft, sondern befreit. Eine Macht, die nicht auf Kosten anderer wächst, sondern im Dienst aller steht. Diese Macht ist selten in einer Welt, die oft kurzfristige Erfolge über langfristige Beziehungen stellt. Aber sie ist die einzige Macht, die Systeme wirklich verwandeln kann.

Der Vermittler ist damit nicht nur ein Akteur innerhalb bestehender Systeme. Er ist ein Transformationsagent, ein Kulturgestalter, ein stiller Revolutionär. Er bringt eine neue Qualität von Macht in die Welt – eine Macht, die auf Vertrauen basiert statt auf Angst, auf Resonanz statt auf Kontrolle, auf Co-Kreation statt auf Dominanz. Und er tut dies, ohne grosse Reden, ohne grosse Gesten, ohne grosses Aufsehen. Er tut es durch seine Präsenz, durch seine Sprache, durch seine stille, unerschütterliche Haltung.

Die Brücken, die er schlägt, sind die Wege, auf denen eine neue Zukunft entstehen kann. Eine Zukunft, die nicht von neuen Hierarchien beherrscht wird, sondern von neuen Beziehungen getragen.

Eine Zukunft, die nicht auf dem Sieg des Stärkeren basiert, sondern auf der Kraft gemeinsamer Möglichkeiten. Eine Zukunft, in der Macht nicht mehr ein Spiel um Nullsummen ist, sondern ein Feld gemeinsamer Entfaltung.

In dieser Vision wird der Vermittler zu einer der zentralen Figuren einer neuen Ära. Einer Ära, die gelernt hat, dass die grössten Veränderungen nicht durch Eroberungen geschehen, sondern durch Verständigung. Dass die grössten Innovationen nicht aus Konkurrenz, sondern aus Kooperation erwachsen. Dass die tiefsten Entwicklungen nicht durch Durchsetzung, sondern durch Verbindung ermöglicht werden.

Und so wird der Vermittler, der Macht, Einfluss und Vertrauen auf diese Weise lebt, zu einem unsichtbaren Architekten einer besseren Welt.

Notizen:

Notizen:

Kapitel 8. Die Rolle der Emotionen – Sachlichkeit neu denken

In den klassischen Idealen von Verhandlung, Führung und Entscheidungsfindung herrschte lange die Vorstellung, dass Emotionen zu meiden seien wie gefährliche Untiefen auf einem ansonsten klaren Ozean rationaler Vernunft. Sachlichkeit wurde als der höchste Wert gepriesen, Objektivität als das Ideal des Entscheidens und Verhandelns. Emotionen galten als störend, als irrational, als Quelle von Verzerrung, Schwäche und Instabilität. Doch diese Vorstellung war von Anfang an eine Illusion. Denn der Mensch ist kein rationales Wesen, das gelegentlich emotional wird. Er ist ein emotionales Wesen, das die Fähigkeit zur Rationalität entwickelt hat, um seine Emotionen in sinnvolle Bahnen zu lenken. Wer Emotionen aus der Vermittlung verbannen will, verbannt zugleich die Möglichkeit echter Veränderung. Denn Veränderung berührt immer die emotionale Architektur von Menschen und Systemen. Sie fordert nicht nur neue Entscheidungen, sie fordert neue Identitäten, neue Geschichten, neue Zugehörigkeiten. Und diese Prozesse sind zutiefst emotional. Der Vermittler, der dies versteht, behandelt Emotionen nicht als Störgrösse, sondern als Quelle. Er erkennt in ihnen nicht den Feind der Sachlichkeit, sondern die Energie, die nötig ist, um Bewegung zu erzeugen, um Brücken zu schlagen, um Verständigung zu ermöglichen.

Emotionen sind in diesem Verständnis keine Bedrohung der Rationalität, sondern deren Voraussetzung. Ohne emotionale Resonanz gibt es keine Relevanz. Ohne emotionale Aktivierung gibt es keine Veränderungsbereitschaft. Ohne emotionale Sicherheit gibt es keine Öffnung für neue Perspektiven. Der Vermittler weiss, dass jedes Argument, das keine emotionale Resonanz erzeugt, ins

Leere läuft. Dass jede Lösung, die keine emotionale Akzeptanz findet, zum Scheitern verurteilt ist. Dass jede Verständigung, die emotionale Realitäten ignoriert, oberflächlich bleibt und schnell zerbricht. Sachlichkeit neu zu denken bedeutet deshalb nicht, die Rationalität aufzugeben. Es bedeutet, sie zu vertiefen, sie zu erweitern, sie in einen grösseren Zusammenhang einzubetten. Es bedeutet, Rationalität nicht als Gegensatz zur Emotionalität zu verstehen, sondern als deren bewusste Gestaltung. Es bedeutet, Emotionen nicht zu verleugnen, sondern sie bewusst wahrzunehmen, sie präzise zu benennen, sie achtsam zu integrieren. Es bedeutet, die emotionale Dynamik eines Systems ebenso ernst zu nehmen wie seine formalen Strukturen, seine Interessenlagen, seine Machtkonstellationen.

Der Vermittler, der dies tut, wird zum Architekten emotionaler Räume. Er gestaltet nicht nur Prozesse, er gestaltet emotionale Felder. Er spürt Spannungen auf, die sich noch nicht in Worten ausdrücken, er erkennt Bedürfnisse, die hinter Forderungen verborgen sind, er hört Ängste heraus, wo nur Positionen vertreten werden. Er nimmt das Unausgesprochene wahr und schafft Räume, in denen es ausgesprochen werden kann, ohne zu eskalieren, ohne zu verletzen, ohne das fragile Gleichgewicht zu zerstören.

In dieser Arbeit begegnet er einer der grössten Herausforderungen der Vermittlung: der Angst vor Emotionen. Viele Beteiligte fürchten, dass das Zulassen von Emotionen zu Kontrollverlust führt, zu Eskalation, zu Unübersichtlichkeit. Sie klammern sich an sachliche Argumente wie an Rettungsbojen in stürmischer See. Der Vermittler nimmt diese Angst ernst. Er zwingt niemanden, sich emotional zu entblössen. Er schafft vielmehr Bedingungen, unter denen emotionale Realität sanft ins Bewusstsein treten kann, unter denen emotionale Bewegungen möglich werden, ohne dass sie das System destabilisieren. Dabei geht es nicht darum, Emotionen zu dramatisieren oder in Szene zu setzen. Es geht darum, sie als das zu behandeln, was sie sind: Träger von Information, Energien der Veränderung, Ausdrucksformen von tieferen Bedürfnissen und Verletzlichkeiten. Der Vermittler begegnet Emotionen mit derselben Präzision und Achtsamkeit, mit der er Argumente prüft. Er nimmt sie ernst, ohne sich von ihnen überwältigen zu lassen. Er integriert sie in die Vermittlungsarbeit, ohne sie zum Selbstzweck zu machen.

Diese Integration verändert den Charakter der Vermittlung grundlegend. Konflikte werden nicht länger nur als Zusammenstoss von Interessen gesehen, sondern als Ausdruck von verletzten Zugehörigkeiten, von bedrohten Identitäten, von enttäuschten Hoffnungen. Lösungen werden nicht mehr nur auf der Ebene von Kompromissen gesucht, sondern auf der Ebene neuer emotionaler Verständigung, neuer Beziehung, neuer gemeinsamer Geschichte.

Der Vermittler, der Emotionen auf diese Weise integriert, wird selbst zum emotionalen Resonanzraum. Seine eigene Fähigkeit, Emotionen wahrzunehmen, auszuhalten und kreativ zu gestalten, bestimmt die Tiefe der Verständigung, die er ermöglichen kann. Er muss in sich selbst einen Ort schaffen, an dem Wut, Angst, Trauer und Hoffnung einen Platz haben dürfen, ohne ihn zu überfluten, ohne ihn zu lähmen. Er muss in der Lage sein, die Intensität emotionaler Felder zu halten, ohne selbst in sie hineingezogen zu werden. Er muss eine emotionale Standfestigkeit entwickeln, die nicht aus Abwehr, sondern aus gelebter Offenheit entsteht. Diese Arbeit ist anspruchsvoll. Sie verlangt Mut, sich den eigenen Emotionen zu stellen, bevor man mit den Emotionen anderer arbeiten kann. Sie verlangt die Bereitschaft, sich verletzlich zu zeigen, bevor man Verletzlichkeit bei anderen ansprechen kann. Sie verlangt die Fähigkeit, komplexe emotionale Dynamiken nicht zu vereinfachen, nicht zu bagatellisieren, nicht zu dramatisieren, sondern sie in ihrer ganzen Tiefe und Widersprüchlichkeit zu halten. Und doch ist diese Arbeit zugleich befreiend. Denn sie eröffnet Räume, in denen echte Begegnung möglich wird. Begegnung, die nicht auf taktischen Positionierungen basiert, sondern auf wahrhaftigem Kontakt. Begegnung, die nicht auf rhetorischen Formeln ruht, sondern auf geteilter Menschlichkeit. Begegnung, die nicht Angst erzeugt, sondern Vertrauen, nicht Verteidigung, sondern Öffnung, nicht Wiederholung alter Muster, sondern Entfaltung neuer Möglichkeiten.

Sachlichkeit neu zu denken bedeutet also nicht, die Emotionen zu unterdrücken oder sie gegen Rationalität auszuspielen. Es bedeutet, eine neue Form von Sachlichkeit zu entwickeln: eine Sachlichkeit, die die emotionale Architektur menschlicher Systeme ernst nimmt, sie bewusst gestaltet und in die Prozesse der Verständigung integriert. Es bedeutet, Rationalität nicht als kalte Abspaltung von Emotion zu verstehen, sondern als bewusste Steuerung und Integration emotionaler Wirklichkeiten.

In dieser neuen Sachlichkeit liegt die Zukunft der Vermittlung. Eine Zukunft, in der Verstand und Gefühl nicht Gegensätze sind, sondern Partner. In der Präzision nicht Abkapselung bedeutet, sondern tieferes Verstehen. In der Klarheit nicht Distanz schafft, sondern Verbindung. In der Lösungen nicht nur technisch funktionieren, sondern menschlich tragen.

Der Vermittler wird so zum Mittler zwischen Verstand und Gefühl, zwischen Analyse und Empathie, zwischen Struktur und Lebendigkeit. Er wird zum Erfinder neuer Räume, in denen Sachlichkeit und

Emotionalität sich nicht ausschliessen, sondern sich gegenseitig stärken. Und er ermöglicht damit Verständigungsprozesse, die tiefer, tragfähiger und wirkungsvoller sind als alles, was klassische Verhandlungslogiken je hervorgebracht haben.

Der Vermittler, der die emotionale Dimension der Sachlichkeit erkennt, weiss, dass er nicht nur Worte und Argumente bewegt, sondern innere Welten. Er spricht nicht nur zu Verstand und Wille, sondern zu jenen tieferen Schichten, in denen Menschen ihre Ängste bewahren, ihre Sehnsüchte verbergen, ihre alten Verletzungen schützen. In diesen inneren Räumen werden Entscheidungen vorbereitet, lange bevor sie rational formuliert werden. In diesen verborgenen Ebenen entstehen jene Haltungen, die über Gelingen oder Scheitern von Verständigung entscheiden.

Deshalb achtet der Vermittler auf jene kleinen Zeichen, die anderen entgehen mögen: das Zögern in einer Stimme, die plötzliche Spannung in einem Atemzug, die feine Veränderung der Körperhaltung. Er liest die emotionale Landschaft, wie ein erfahrener Gärtner den Boden liest, bevor er sät. Er weiss, dass er nichts erzwingen kann, dass er nicht an den Blüten ziehen darf, um sie zum Wachsen zu bringen. Er weiss, dass er Bedingungen schaffen muss, unter denen Vertrauen keimen kann, unter denen Verletzlichkeit möglich wird, unter denen neue Wege sich zeigen können.

Diese Arbeit verlangt Geduld, mehr Geduld, als klassische Führungslogik je zuzugeben bereit wäre. Sie verlangt die Bereitschaft, auch Phasen scheinbarer Stagnation auszuhalten, in denen emotionale Prozesse sich langsam, fast unsichtbar vollziehen. Der Vermittler hält diese Räume offen, auch wenn sie chaotisch erscheinen, auch wenn sie widersprüchliche Impulse bergen, auch wenn sie alte Ängste an die Oberfläche spülen. Er hält sie nicht aus

Pflichtgefühl, sondern aus einem tiefen Vertrauen heraus: dem Vertrauen, dass unter der Oberfläche der Konflikte eine tiefere Bewegung möglich ist, eine Bewegung hin zu neuer Ordnung, zu neuer Verbindung, zu neuer Verständigung.

Emotionen sind nicht der Feind der Klarheit, sondern ihre Bedingung. Sie sind das Feuer, in dem alte Gewissheiten schmelzen und neue Einsichten geboren werden können. Sie sind die Quelle jener Energie, die nötig ist, um eingefahrene Bahnen zu verlassen, neue Wege zu wagen, neue Realitäten zu gestalten. Der Vermittler weiss, dass jede echte Veränderung einen emotionalen Preis hat. Dass jedes Loslassen von alten Mustern einen Trauerprozess erfordert. Dass jedes Annehmen neuer Möglichkeiten Mut verlangt, den man nicht rational herbeizwingen kann, sondern der in der Tiefe wachsen muss.

Deshalb begleitet der Vermittler nicht nur den äusseren Prozess der Verständigung, sondern auch den inneren Prozess der emotionalen Transformation. Er schafft Räume, in denen alte Verletzungen benannt werden dürfen, ohne dass sie zum Anklageinstrument werden. In denen Angst ausgesprochen werden darf, ohne dass sie entwertet wird. In denen Trauer um Verluste ihren Platz findet, ohne dass sie als Schwäche denunziert wird. In denen Freude über neue Möglichkeiten sich entfalten darf, ohne dass sie durch Zynismus erstickt wird.

Diese Räume sind zart. Sie sind verletzlich. Sie verlangen Schutz, aber keinen Schutz vor Emotionen, sondern Schutz für Emotionen. Schutz davor, vorschnell rationalisiert zu werden, bevor sie in ihrer Tiefe erkannt wurden. Schutz davor, in die Muster alter Machtspiele zurückzufallen, bevor ihre transformierende Kraft freigesetzt werden konnte. Der Vermittler bewacht diese Räume wie ein Hüter eines heiligen Feuers, wissend, dass hier die wirkliche Arbeit der Verständigung geschieht, die Arbeit an den innersten Beweggründen menschlichen Handelns.

In dieser Arbeit erfährt der Vermittler selbst eine Transformation. Je tiefer er lernt, Emotionen als Verbündete der Verständigung zu begreifen, desto mehr verändert sich seine eigene Beziehung zur Sachlichkeit. Sachlichkeit wird nicht mehr zum Mittel der Abgrenzung, sondern zur Form gelebter Achtsamkeit. Sie wird nicht mehr als Schutzschild gegen Emotionen gebraucht, sondern als strukturierendes Element, das emotionale Prozesse hält, ohne sie zu unterdrücken. Sie wird nicht mehr zur Verteidigung des eigenen Egos eingesetzt, sondern zur Ermöglichung von Echtheit, von Tiefe, von Wandel.

Sachlichkeit neu zu denken bedeutet, die Angst vor Emotionen zu überwinden, ohne ihnen kritiklos zu verfallen. Es bedeutet, Emotionen ernst zu nehmen, ohne sie zu glorifizieren. Es bedeutet, den feinen, dynamischen Tanz zwischen Gefühl und Verstand zu beherrschen, nicht indem man ihn kontrolliert, sondern indem man ihn führt, wie ein Tänzer den Fluss der Musik führt: mit Hingabe, mit Präsenz, mit kluger Zurückhaltung und präziser Initiative.

So wird der Vermittler selbst zur Verkörperung der neuen Sachlichkeit. Er zeigt durch sein eigenes Sein, dass Klarheit und Emotionalität sich nicht ausschliessen, sondern sich gegenseitig beflügeln. Er zeigt, dass Präzision nicht Trockenheit bedeuten muss, sondern Tiefe. Dass Differenziertheit nicht Distanz bedeuten muss, sondern Verbindung. Dass Rationalität nicht Kälte bedeuten muss, sondern bewusste Gestaltung lebendiger Prozesse. Diese neue Form der Sachlichkeit verändert nicht nur die Art und Weise, wie vermittelt wird. Sie verändert die Art und Weise, wie

Menschen einander begegnen. Sie ermöglicht Verständigung auf einer Ebene, die tiefer geht als Interessen und Positionen. Sie öffnet den Raum für Transformation, nicht nur von Konflikten, sondern von Beziehungen, von Organisationen, von Kulturen.

In dieser neuen Kultur der Verständigung wird der Vermittler nicht zum Herrscher über Prozesse, sondern zum Diener des Möglichen. Nicht zum Architekten starrer Lösungen, sondern zum Gärtner lebendiger Entwicklungen. Nicht zum Verteidiger alter Ordnungen, sondern zum Wegbereiter neuer Verbindungen.

Sachlichkeit wird in diesem Verständnis zu einer Form gelebter Empathie. Sie wird zur Kunst, Differenzen zu halten, ohne sie zu vernichten. Zur Kunst, Ambivalenzen zu tragen, ohne sie zu vernebeln. Zur Kunst, inmitten emotionaler Stürme die Klarheit zu bewahren, die notwendig ist, damit neue Wege sichtbar werden können.

Der Vermittler, der diese Kunst beherrscht, wird zum leisen Helden einer neuen Ära der Verständigung. Einer Ära, in der Rationalität und Emotionalität nicht mehr Feinde sind, sondern Partner. Einer Ära, in der Veränderung nicht mehr gegen Menschen durchgesetzt wird, sondern mit ihnen gestaltet. Einer Ära, in der Vermittlung nicht auf Positionen reduziert wird, sondern auf die tiefe Arbeit an Beziehungen, an Identitäten, an Möglichkeiten.

Und so wird der Vermittler, der Emotionen integriert und Sachlichkeit neu denkt, zu einem Schöpfer neuer Realitäten.

Notizen:

Notizen:

Kapitel 9. Strategische Vermittlung in Unternehmen – Wenn Innovation blockiert ist

Unternehmen sind lebendige Systeme. Sie bestehen nicht nur aus Strukturen, Prozessen und Produkten, sondern aus Geschichten, Beziehungen und unausgesprochenen Regeln. Wer Unternehmen nur als Maschinen begreift, übersieht ihr eigentliches Wesen: ihre Dynamik als soziale Organismen, deren Stärke und Schwäche, deren Wachstum und Blockaden aus denselben inneren Bewegungen erwachsen, die auch menschliche Beziehungen prägen. Innovation ist in solchen Systemen nicht einfach eine Frage von Strategie oder Kapital, sondern eine Frage der inneren Beweglichkeit, der Offenheit für das Neue, der Fähigkeit, Unsicherheit zu ertragen und Widersprüche zu integrieren. Wo diese Fähigkeiten fehlen, wird Innovation zur blossen Parole, zur leeren Geste, zum Marketinginstrument ohne Substanz. Und genau hier beginnt die Aufgabe des Vermittlers.

Blockierte Innovation ist kein technisches Problem. Sie ist ein Beziehungsthema, ein Identitätsthema, ein emotionales Thema. Sie entsteht dort, wo Angst vor Veränderung stärker ist als die Sehnsucht nach Entwicklung, wo alte Loyalitäten Innovation verhindern, weil sie als Bedrohung erlebt wird, wo versteckte Konflikte kreative Energie binden, wo starre Machtstrukturen neue Ideen ersticken, bevor sie wachsen können. Der Vermittler, der in Unternehmen wirksam werden will, muss diese Blockaden erkennen, benennen und lösen – nicht, indem er neue Strukturen verordnet, sondern indem er die tieferen Dynamiken sichtbar und bearbeitbar macht, die Innovation entweder ermöglichen oder verhindern. Strategische Vermittlung in Unternehmen bedeutet deshalb nicht, Konflikte zu moderieren oder Konsens zu inszenieren. Sie bedeutet, die unsichtbaren Spannungsfelder zu erkennen, in denen Innovation entweder gedeiht oder verdorrt. Sie bedeutet, die emotionalen Grundlagen von Zusammenarbeit zu erneuern, bevor technische Innovation überhaupt möglich wird. Sie bedeutet, die kulturellen Muster aufzubrechen, die Anpassung belohnen und Abweichung bestrafen. Sie bedeutet, das System selbst in seiner Veränderungsfähigkeit zu stärken, nicht einzelne Ideen durchzudrücken.

Diese Arbeit beginnt mit dem Verstehen der Blockaden. Blockierte Innovation zeigt sich oft nicht sofort als offener Widerstand. Sie zeigt sich in kleinen Verzögerungen, in subtiler Sabotage, in der scheinbaren Zustimmung zu neuen Projekten, die dann heimlich unterlaufen werden. Sie zeigt sich in dem, was nicht gesagt wird, in Ideen, die nicht geäussert, in Risiken, die nicht angesprochen, in Möglichkeiten, die nicht verfolgt werden. Der Vermittler spürt diese stille Dynamik auf, nicht durch Befragung, sondern durch Beobachtung, nicht durch Analyse von Zahlen, sondern durch Lesen der Atmosphäre, der Emotionen, der unausgesprochenen Geschichten, die in einem Unternehmen erzählt werden.

Oft sind es alte Loyalitäten, die Innovation blockieren. Loyalität zu einem Gründer, dessen ursprüngliche Vision nicht mehr zur aktuellen Realität passt, aber noch immer sakrosankt ist. Loyalität zu Abteilungen, zu Teams, zu Hierarchien, die aus früheren Erfolgen hervorgegangen sind und nun jeden Wandel als Bedrohung ihrer Identität erleben. Diese Loyalitäten sind nicht böse, sie sind Ausdruck von Bindung, von Geschichte, von gelebter Gemeinschaft. Aber wenn sie nicht bewusst gemacht und transformiert werden, werden sie zu unsichtbaren Mauern gegen jede echte

Erneuerung. Der Vermittler begegnet diesen Loyalitäten nicht mit Zynismus oder Abwertung. Er ehrt sie. Er würdigt die Geschichte, die aus ihnen spricht. Aber er zeigt auch, dass jede Geschichte sich entwickeln muss, wenn sie lebendig bleiben will. Er eröffnet Räume, in denen Trauer über den Verlust des Alten Platz haben darf, in denen die Angst vor dem Unbekannten ausgesprochen werden darf, in denen neue Narrative entstehen können, die nicht die Vergangenheit zerstören, sondern sie als Fundament für die Zukunft integrieren.

Eine weitere Blockade für Innovation liegt in den Machtstrukturen von Unternehmen. Oft verhindern nicht Menschen, sondern Strukturen die Entfaltung neuer Ideen. Strukturen, die Belohnung an Konformität knüpfen. Strukturen, die Abweichung bestrafen, indem sie Ressourcen entziehen, Einfluss mindern oder Karrieren abbrechen. Der Vermittler muss diese Strukturen sichtbar machen, nicht um sie anzuprangern, sondern um ihr lähmendes Wirken auf kreative Energie verstehbar zu machen. Er schafft Bewusstsein dafür, dass Innovation nicht nur neue Produkte braucht, sondern auch neue Formen von Führung, neue Formen der Zusammenarbeit, neue Formen des Umgangs mit Risiko und Scheitern.

Scheitern ist einer der grössten Tabus in vielen Unternehmen. Und doch ist Innovation ohne Scheitern unmöglich. Jedes Neue entsteht im Raum des Ungewissen, im Spiel mit Möglichkeiten, von denen viele nicht aufgehen werden. Der Vermittler hilft Unternehmen, einen neuen Umgang mit Scheitern zu entwickeln: nicht als Makel, sondern als notwendige Phase des Lernens, nicht als persönliches Versagen, sondern als kollektives Experiment. Er eröffnet Narrative, in denen Scheitern nicht entwertet wird, sondern in den Entwicklungsprozess integriert wird.

Strategische Vermittlung bedeutet auch, die Führungskräfte selbst in ihrem Rollenverständnis zu unterstützen. Viele Führungskräfte wünschen sich Innovation, solange sie Kontrolle behalten können. Doch echte Innovation entzieht sich Kontrolle. Sie verlangt das Zulassen von Unsicherheit, das Ertragen von Mehrdeutigkeit, das Vertrauen in Prozesse, die nicht vollständig steuerbar sind. Der Vermittler begleitet Führungskräfte dabei, diese paradoxe Anforderung nicht als Bedrohung, sondern als Einladung zu einer neuen Form von Leadership zu verstehen: einer Leadership, die weniger auf Befehlen basiert als auf Ermöglichen, weniger auf Kontrolle als auf Koordination, weniger auf Hierarchie als auf Resonanz. In diesem Sinne arbeitet der Vermittler nicht an einzelnen Innovationsprojekten, sondern an der Innovationsfähigkeit des Systems. Er hilft, neue kulturelle Muster zu etablieren: Muster der offenen Kommunikation, der konstruktiven Konfliktbearbeitung, der wertschätzenden Diversität, der angstfreien Kreativität. Er baut die sozialen Infrastrukturen, auf denen Innovation gedeihen kann: Vertrauen, Offenheit, psychologische Sicherheit. Und er stärkt die individuellen und kollektiven Kompetenzen, die notwendig sind, um mit der Unsicherheit, Komplexität und Dynamik echter Innovation umgehen zu können.

Diese Arbeit ist tief und oft unsichtbar. Ihre Erfolge zeigen sich nicht sofort in neuen Produkten oder Markterfolgen. Sie zeigen sich zunächst in einer veränderten Gesprächskultur, in neuen Arten von Meetings, in ungewohnten Kooperationen über Abteilungsgrenzen hinweg, in der Bereitschaft, schwierige Themen offen anzusprechen, in der Fähigkeit, aus Fehlern zu lernen, statt Schuldige zu suchen. Diese Veränderungen sind die Vorboten echter Innovation. Sie sind die Grundlage dafür, dass neue Ideen nicht nur geboren, sondern auch zum Leben gebracht werden können. Strategische Vermittlung in Unternehmen ist deshalb keine Aufgabe für Eilige. Sie verlangt Geduld, Beharrlichkeit, tiefe Achtsamkeit für systemische Dynamiken. Sie verlangt die Bereitschaft, unter der Oberfläche zu arbeiten, an den Wurzeln statt an den Symptomen, an den kulturellen Mustern statt an den sichtbaren Strukturen. Und sie verlangt eine tiefe Wertschätzung für die Komplexität menschlicher Systeme, für die Tiefe menschlicher Bedürfnisse, für die Macht unausgesprochener Geschichten.

Der Vermittler wird in dieser Arbeit nicht zum Manager von Innovation, sondern zum Gärtner neuer Möglichkeiten. Er pflanzt keine fertigen Lösungen, sondern bereitet den Boden, schützt die jungen Triebe, schafft die Bedingungen, unter denen Wachstum aus dem Inneren des Systems heraus entstehen kann. Und er vertraut darauf, dass Systeme, die in dieser Weise begleitet werden, die Kraft entwickeln, sich selbst immer wieder neu zu erfinden.

In einer Welt, die immer schneller wird, immer komplexer, immer unvorhersehbarer, wird diese Fähigkeit zur Selbstinnovation zum entscheidenden Überlebensfaktor für Unternehmen. Wer diese Fähigkeit besitzt, wird nicht jeder Veränderung hinterherlaufen müssen. Er wird selbst zum Gestalter der Veränderung. Wer sie nicht besitzt, wird irgendwann von den Strömungen überrollt werden, die er nicht mehr kontrollieren kann.

Der Vermittler, der Unternehmen in diesem Sinne begleitet, wird zum unsichtbaren Architekten ihrer Zukunft. Nicht durch laute Programme oder grosse Kampagnen. Sondern durch die stille, geduldige, beharrliche Arbeit an den inneren Grundlagen von Innovation. An den Beziehungen. An den Identitäten. An den Kulturen. An den Geschichten, die Unternehmen sich selbst erzählen. Und aus dieser Arbeit entstehen nicht nur neue Produkte, neue

Märkte, neue Erfolge. Aus ihr entsteht etwas Tieferes: die Fähigkeit, sich immer wieder neu zu erfinden. Die Fähigkeit, Wandel nicht nur zu überleben, sondern ihn zu gestalten. Die Fähigkeit, in einer unsicheren Welt nicht nur zu bestehen, sondern zu wachsen.

Notizen:

Kapitel 10. Politische Vermittlung – Zwischen Ideologie und pragmatischer Lösung

Politik ist der Raum, in dem Gesellschaften sich selbst gestalten. Es ist der Raum, in dem Macht ausgehandelt, Werte definiert und Wege in die Zukunft gezeichnet werden. Doch Politik ist nicht nur Arena rationaler Entscheidungen. Sie ist auch Bühne kollektiver Emotionen, Spiegel gesellschaftlicher Ängste und Hoffnungen, Kampffeld konkurrierender Identitäten. Wer Politik als blosses Management von Interessen begreift, übersieht die tiefere Dynamik, die sie prägt: die Dynamik von Geschichten, Bildern, Symbolen, die in den Herzen der Menschen wurzeln, nicht nur in ihren Kalkülen. In diesem Raum bewegt sich der politische Vermittler. Er bewegt sich zwischen den harten Fronten der Ideologien und der leisen Kraft pragmatischer Lösungen. Und er weiss, dass seine Aufgabe nicht darin besteht, die Ideologien zu besiegen oder die Pragmatik zu glorifizieren, sondern darin, neue Räume zu eröffnen, in denen beides ihren Platz finden kann, ohne sich gegenseitig zu vernichten.

Ideologien sind mächtige Kräfte. Sie stiften Sinn, geben Identität, strukturieren Wahrnehmung. Sie sind nicht blosse Gedankengebäude, sondern emotionale Heimatorte. Wer eine Ideologie vertritt, verteidigt nicht nur eine Theorie, sondern auch ein Selbstbild, eine Gemeinschaft, eine Geschichte. Deshalb sind ideologische Auseinandersetzungen oft so erbittert. Sie sind nicht nur Streit um Lösungen, sondern Kämpfe um Zugehörigkeit, um Wertschätzung, um Daseinsberechtigung. Der Vermittler, der diese Tiefe nicht erkennt, wird in politischen Prozessen scheitern. Er wird versuchen, mit Argumenten zu überzeugen, wo es um

Identitäten geht. Er wird versuchen, Kompromisse zu verhandeln, wo es um existentielle Sicherheiten geht. Der Vermittler versteht, dass Ideologien nicht einfach widerlegt werden können. Sie können nur transformiert werden, indem ihre emotionale Grundlage anerkannt und neu gestaltet wird. Er erkennt, dass hinter jeder ideologischen Position ein berechtigtes Bedürfnis steht: das Bedürfnis nach Sicherheit, nach Gerechtigkeit, nach Anerkennung, nach Sinn. Er spricht diese Bedürfnisse an, ohne die jeweiligen Weltbilder zu bestätigen. Er schafft Räume, in denen Menschen sich mit ihren Überzeugungen zeigen können, ohne sie sofort verteidigen zu müssen. Und er eröffnet Perspektiven, in denen neue Erzählungen entstehen können, die alte Loyalitäten nicht verraten, aber neue Wege ermöglichen.

Dabei bewegt sich der Vermittler auf einem schmalen Grat. Wenn er zu sehr in die eine oder andere Richtung tendiert, verliert er das Vertrauen der Beteiligten. Wenn er sich zu sehr auf eine Ideologie einlässt, wird er als parteiisch wahrgenommen. Wenn er zu sehr auf Pragmatismus drängt, wird er als zynisch erlebt. Er muss die Spannung halten zwischen Wert und Wirklichkeit, zwischen Ideal und Machbarkeit, zwischen Identität und Anpassung. Diese Spannung ist nicht auflösbar. Sie ist der Raum, in dem politische Vermittlung überhaupt erst möglich wird.

Pragmatische Lösungen sind in diesem Raum keine Kapitulation vor dem Status quo. Sie sind der Versuch, die Prinzipien der Ideologien in konkrete, tragfähige Schritte zu übersetzen, die unter den Bedingungen der Wirklichkeit wirksam werden können. Der Vermittler hilft den Beteiligten, diesen Schritt zu gehen, ohne ihre Werte zu verleugnen. Er zeigt Wege, auf denen Ideale nicht geopfert, sondern in die komplexe Realität hinein verlängert werden können. Er unterstützt den schmerzhaften, aber notwendigen

Prozess, in dem starre Dogmen sich in flexible Prinzipien verwandeln, die Orientierung bieten, ohne neue Verhärtungen zu erzeugen. In politischen Systemen, die zunehmend von Polarisierung geprägt sind, wird diese Arbeit immer schwieriger – und immer notwendiger. Polarisierung lebt von der Reduktion der Komplexität, von der Schaffung klarer Freund-Feind-Bilder, von der Emotionalisierung des Anderen als Bedrohung. Sie gibt Sicherheit, wo Unsicherheit wächst. Aber sie zerstört die Fähigkeit zur Verständigung. Sie erstickt die Kreativität, die in der Begegnung von Unterschieden liegt. Sie verhindert die Innovation, die Gesellschaften brauchen, um auf neue Herausforderungen reagieren zu können. Der Vermittler erkennt diese Dynamik und widersetzt sich ihr. Nicht durch offene Konfrontation, sondern durch die stille, geduldige Arbeit am Aufbau neuer Beziehungsmuster. Er schafft Räume, in denen Menschen sich jenseits ihrer ideologischen Identitäten begegnen können. Räume, in denen Unterschiede nicht als Bedrohung erlebt, sondern als Ressource genutzt werden können. Räume, in denen Konflikte nicht zum Kampf um Vernichtung, sondern zum Prozess gemeinsamer Entwicklung werden.

Diese Arbeit ist subtil. Sie beginnt oft mit kleinen Veränderungen: einer neuen Art, Fragen zu stellen, einer neuen Art zuzuhören, einer neuen Art, Geschichten zu erzählen. Der Vermittler achtet auf die Sprache, die verwendet wird, auf die Metaphern, die geprägt werden, auf die Bilder, die die Vorstellungskraft der Beteiligten prägen. Er unterstützt die Entwicklung von Narrativen, die Gemeinsamkeiten sichtbar machen, ohne Unterschiede zu verleugnen. Narrativen, die Zukunft eröffnen, ohne die Vergangenheit zu entwerten. Narrativen, die Hoffnung stiften, ohne Realitätsflucht zu betreiben.

Politische Vermittlung bedeutet deshalb, an der kulturellen Grammatik einer Gesellschaft zu arbeiten. An den tiefen Strukturen, die bestimmen, wie Konflikte wahrgenommen, wie Kompromisse bewertet, wie Unterschiede gedeutet werden. Diese Arbeit ist unsichtbar, und gerade deshalb so wirksam. Sie verändert nicht nur Entscheidungen, sondern die Art und Weise, wie Entscheidungen möglich werden. Sie verändert nicht nur politische Programme, sondern das Klima, in dem Politik überhaupt gestaltet werden kann.

Der Vermittler braucht dafür eine besondere Form der Standfestigkeit. Er darf sich nicht vom Zynismus anstecken lassen, der in politischen Systemen oft wie ein schleichendes Gift wirkt. Er darf nicht in die Resignation verfallen, die aus der Erfahrung immer neuer Blockaden wächst. Er muss an die Möglichkeit von Wandel glauben, auch wenn sie in weiter Ferne liegt. Er muss Geduld haben, wo schnelle Erfolge verlockend erscheinen. Und er muss die Kraft haben, inmitten von Polemik, von Misstrauen, von ideologischer Verhärtung Räume offener Zukunft zu bewahren.

Diese Kraft wächst nicht aus Optimismus, sondern aus einer tieferen Überzeugung: der Überzeugung, dass menschliche Systeme – auch politische – die Fähigkeit zur Selbsttransformation besitzen. Dass hinter der Oberfläche der Konfrontationen eine tiefer liegende Suche nach Sinn, nach Verbindung, nach Entwicklung wirkt. Der Vermittler vertraut auf diese Kräfte, auch wenn sie verdeckt sind, auch wenn sie unter Schichten von Angst und Aggression verborgen liegen. Und er arbeitet beharrlich daran, ihnen Raum zu geben. Er arbeitet im Schatten der Schlagzeilen, im Zwischenraum der Ideologien, im leisen Atem der Gespräche, die niemand überträgt, die keine Kameras begleiten, die keine schnellen Ergebnisse liefern. Er arbeitet an der Substanz politischer Kultur, nicht an ihrer Oberfläche. Und er weiss, dass gerade diese unsichtbare Arbeit die Grundlage ist für alles, was sichtbar und wirksam werden kann.

Notizen:

Notizen:

Kapitel 11. Wirtschaft, Macht und Vermittlung – Neue Wege zwischen Konkurrenz und Kooperation

Wirtschaft war nie ein rein rationales Spielfeld. Sie war immer auch eine Bühne, auf der Macht ausgeübt, Identitäten verhandelt und soziale Wirklichkeiten gestaltet wurden. Unternehmen sind nicht nur Orte der Wertschöpfung, sie sind soziale Systeme, in denen menschliche Bedürfnisse, Ängste und Ambitionen aufeinandertreffen. Konkurrenz ist in diesen Systemen nicht nur ein Mechanismus der Effizienzsteigerung. Sie ist ein emotionales Feld, in dem sich Anerkennung, Status, Zugehörigkeit und Selbstwert immer neu verhandeln. Kooperation wiederum ist nicht bloss eine Strategie zur Optimierung gemeinsamer Interessen, sondern eine Form der Beziehungsgestaltung, die auf Vertrauen, geteilten Werten und gemeinsamen Zukunftsbildern basiert. Zwischen diesen beiden Polen bewegt sich die moderne Wirtschaft. Und genau in diesem Spannungsfeld entfaltet sich die Aufgabe des Vermittlers.

Die klassische Wirtschaftstheorie stellte lange Konkurrenz ins Zentrum. Wettbewerb galt als Motor des Fortschritts, als Garantie für Innovation, als Schutz gegen Machtmissbrauch. Kooperation erschien höchstens als Zweckbündnis, legitimiert durch klar berechenbare Vorteile. Vertrauen, Beziehung, emotionale Resonanz galten als weiche Faktoren, bestenfalls unterstützend, oft aber als störend für die nüchterne Rationalität wirtschaftlichen Handelns. Doch diese Vorstellung zerbricht mehr und mehr unter dem Druck einer Welt, die komplexer, dynamischer und verletzlicher geworden ist. Kooperation ist nicht länger ein Nice-to-have, sondern eine Überlebensfrage geworden. Und Vermittlung wird zum Schlüssel, um in dieser neuen Landschaft wirtschaftlicher

Beziehungen wirksam zu sein. Der Vermittler versteht, dass Konkurrenz und Kooperation keine Gegensätze sind, die sich gegenseitig ausschliessen. Sie sind Pole eines lebendigen Systems, das in Balance gehalten werden muss. Konkurrenz kann kreative Spannung erzeugen, Ansporn für Entwicklung bieten, Energien freisetzen, die in stagnierenden Systemen verloren gehen. Aber Konkurrenz kann auch zerstören, wenn sie in Feindschaft kippt, wenn sie Beziehungen vergiftet, wenn sie Vertrauen zersetzt. Kooperation kann Synergien ermöglichen, gemeinsames Wachstum befördern, neue Horizonte eröffnen. Aber Kooperation kann auch lähmen, wenn sie in Konformität erstarrt, wenn sie Innovation behindert, wenn sie Konflikte verdrängt.

Vermittlung in wirtschaftlichen Kontexten bedeutet, diese Balance bewusst zu gestalten. Es bedeutet, Konkurrenz nicht zu dämonisieren, sondern ihre konstruktiven Potenziale zu nutzen, ohne ihre destruktiven Kräfte zu entfesseln. Es bedeutet, Kooperation nicht romantisch zu verklären, sondern sie in einer Weise zu fördern, die Differenz respektiert, Spannung aushält und kreative Dynamik erhält. Der Vermittler schafft die Räume, in denen diese Balance entstehen kann. Räume, in denen klare Regeln für den Wettbewerb gesetzt werden, die Fairness und Respekt sichern. Räume, in denen Vertrauen wachsen kann, ohne dass kritische Distanz verloren geht. Räume, in denen Konflikte nicht eskaliert werden, sondern als Quelle von Entwicklung genutzt werden.

Diese Arbeit beginnt bei der Gestaltung der Beziehungen zwischen wirtschaftlichen Akteuren. Kooperation entsteht nicht durch Verträge, sondern durch Beziehungen. Beziehungen, die auf gegenseitiger Anerkennung beruhen, auf geteiltem Verständnis von Zielen und Werten, auf der Erfahrung gemeinsamer Verantwortung. Der Vermittler unterstützt den Aufbau dieser

Beziehungen, indem er Kommunikationsräume schafft, in denen nicht nur über Interessen verhandelt, sondern über Identitäten gesprochen werden kann. In denen nicht nur Deals abgeschlossen, sondern Verständigungen ermöglicht werden. In denen nicht nur gemeinsame Projekte gestartet, sondern gemeinsame Zukunftsbilder entwickelt werden.

Macht spielt in diesem Prozess eine zentrale Rolle. Macht ist in wirtschaftlichen Beziehungen allgegenwärtig. Sie bestimmt, wer die Bedingungen setzt, wer Ressourcen kontrolliert, wer die Deutungsmacht über Erfolge und Misserfolge besitzt. Der Vermittler ignoriert diese Machtverhältnisse nicht. Er romantisiert sie nicht. Aber er gestaltet sie bewusst. Er arbeitet daran, Macht transparent zu machen, ihre Schattenseiten anzusprechen, ihre positiven Potenziale zu nutzen. Er schafft Räume, in denen Macht nicht als Herrschaft erlebt wird, sondern als Fähigkeit zur Gestaltung gemeinsamer Wirklichkeit.

In dieser Arbeit wird Vertrauen zur entscheidenden Ressource. Vertrauen ist in wirtschaftlichen Beziehungen mehr als eine moralische Kategorie. Es ist ein ökonomischer Faktor von grösster Bedeutung. Vertrauen reduziert Transaktionskosten. Vertrauen beschleunigt Entscheidungsprozesse. Vertrauen ermöglicht Innovation, weil es das Risiko des Scheiterns gemeinsam tragbar macht. Vertrauen schafft Resilienz, weil es die Fähigkeit zur gemeinsamen Bewältigung von Krisen erhöht. Der Vermittler arbeitet am Aufbau und an der Pflege dieses Vertrauens, nicht durch Appelle oder Verträge, sondern durch das Schaffen von Erfahrungen geteilter Verantwortung und gegenseitiger Verlässlichkeit.

Diese Arbeit ist besonders in Zeiten des Umbruchs von entscheidender Bedeutung. In Phasen disruptiver Innovationen, in Zeiten geopolitischer Instabilität, in Momenten sozialer Transformation geraten wirtschaftliche Systeme unter Druck. Alte Sicherheiten brechen weg, neue Unsicherheiten entstehen. Die Versuchung wächst, in Angst zu verfallen, in Misstrauen, in Abschottung. Der Vermittler setzt hier einen anderen Impuls. Er schafft Räume der Offenheit, auch und gerade dann, wenn Unsicherheit wächst. Er stärkt die Fähigkeit, Differenzen produktiv zu nutzen, auch und gerade dann, wenn alte Loyalitäten zerbrechen. Er unterstützt den Aufbau neuer Formen von Kooperation, auch und gerade dann, wenn Konkurrenz reflexartig eskaliert.

In dieser Rolle wird der Vermittler zum stillen Motor wirtschaftlicher Erneuerung. Er gestaltet nicht die Produkte der Zukunft, sondern die Beziehungen, aus denen sie hervorgehen. Er schreibt nicht die Strategien der Zukunft, sondern er schafft die Verständigungsräume, in denen neue Strategien überhaupt erst entwickelt werden können. Er baut nicht die Märkte der Zukunft, sondern die sozialen Infrastrukturen, die Märkte resilient und innovativ machen.

Diese Arbeit ist unspektakulär und oft unsichtbar. Sie zeigt sich nicht in grossen Schlagzeilen oder schnellen Erfolgen. Sie zeigt sich in der Qualität der Gespräche, die geführt werden. In der Tiefe der Beziehungen, die entstehen. In der Nachhaltigkeit der Innovationen, die hervorgebracht werden. In der Fähigkeit der Systeme, Wandel nicht nur zu überleben, sondern ihn selbstbewusst und kreativ zu gestalten.

Wirtschaft, Macht und Vermittlung sind keine getrennten Sphären. Sie sind Aspekte eines lebendigen Ganzen. Der Vermittler, der dies versteht und lebt, arbeitet nicht an der Oberfläche der ökonomischen Prozesse. Er arbeitet an ihrem Herzen. Er arbeitet an der emotionalen, kulturellen, sozialen Substanz, die darüber entscheidet, ob Unternehmen, Organisationen und Märkte in der Zukunft florieren oder scheitern werden. Er tut dies mit einer Haltung der Demut gegenüber der Komplexität der Systeme, der Achtsamkeit gegenüber den Bedürfnissen der Beteiligten, der Klarheit über die Dynamiken von Macht und Vertrauen. Er tut dies ohne grosse Gesten, ohne laute Parolen, ohne spektakuläre Inszenierungen. Er tut dies durch geduldige, präzise, tiefgehende Arbeit an den inneren Strukturen wirtschaftlicher Beziehungen.

Und so wird der Vermittler, der Wirtschaft, Macht und Vermittlung in diesem Sinne neu denkt und gestaltet, zu einem der wichtigsten Architekten einer Zukunft, in der Konkurrenz und Kooperation nicht mehr als Feinde, sondern als Partner einer lebendigen, dynamischen, innovativen Wirtschaft verstanden werden.

Notizen:

Kapitel 12. Emotionale Resonanz in der Vermittlung – Der Schlüssel zu echten Lösungen

Verständigung ist keine Frage der Logik allein. Sie ist ein Phänomen der Resonanz. Menschen verständigen sich nicht, weil sie Argumente abgleichen wie Zahlen in einer Bilanz. Sie verständigen sich, wenn sie sich in einem tieferen Sinn begegnen, wenn sie spüren, dass das Gegenüber nicht nur ihre Worte hört, sondern ihre innere Wirklichkeit berührt. Ohne diese emotionale Resonanz bleibt jede Verständigung an der Oberfläche, reduziert auf technische Absprachen, anfällig für Missverständnisse, brüchig unter Druck. Emotionale Resonanz ist der unsichtbare Strom, der Verständigung trägt. Sie ist das Feld, in dem Lösungen nicht nur gedacht, sondern gefühlt werden. Und deshalb ist sie der eigentliche Schlüssel für Vermittlung, die Bestand hat.

Emotionale Resonanz entsteht nicht durch rhetorische Techniken oder psychologische Tricks. Sie entsteht, wenn Begegnung echt ist. Wenn der Vermittler nicht nur zuhört, sondern sich wirklich einlässt. Wenn er nicht nur Argumente verarbeitet, sondern Stimmungen erspürt. Wenn er nicht nur Reaktionen registriert, sondern innere Bewegungen mitschwingen lässt. Resonanz bedeutet, dass eine emotionale Verbindung entsteht, die tiefer geht als Worte. Dass ein Raum entsteht, in dem Vertrauen wachsen kann, in dem Verletzlichkeit möglich wird, in dem neue Perspektiven überhaupt erst zugänglich werden.

Der Vermittler, der emotionale Resonanz erzeugen will, muss selbst resonanzfähig sein. Er muss seine eigenen inneren Räume öffnen können, ohne sie anderen aufzuzwingen. Er muss die Fähigkeit entwickeln, sich berühren zu lassen, ohne sich zu verlieren. Er muss in der Lage sein, Spannungen in sich zu halten, ohne sie abzuwehren oder vorschnell aufzulösen. Diese innere Resonanzfähigkeit ist keine Frage von Technik, sondern eine Frage von Haltung, von Reife, von gelebter Offenheit.

Emotionale Resonanz bedeutet nicht, sich von den Emotionen der Beteiligten mitreissen zu lassen. Sie bedeutet nicht, in ihre Geschichten einzutauchen und sich von ihnen verschlingen zu lassen. Sie bedeutet, präsent zu bleiben, wach, differenziert – und dennoch offen genug, um die feinen Schwingungen zu erspüren, die unter der Oberfläche der Worte pulsieren. Der Vermittler muss lernen, auf mehreren Ebenen gleichzeitig präsent zu sein: auf der Ebene des Sachlichen, des Emotionalen, des Relationalen. Er muss spüren, was gesagt wird, und was nicht gesagt werden kann. Er muss wahrnehmen, wo sich Türen öffnen, und wo sie sich schliessen. Diese Fähigkeit zur mehrdimensionalen Wahrnehmung ist das Ergebnis intensiver innerer Arbeit. Sie verlangt, eigene Ängste anzuschauen, eigene Abwehrmechanismen zu erkennen, eigene emotionale Muster zu durchdringen. Denn nur wer sich selbst klar wahrnimmt, kann andere klar wahrnehmen. Nur wer mit den eigenen Schatten Frieden geschlossen hat, kann die Schatten anderer halten, ohne sie zu bekämpfen oder zu verdrängen.

Emotionale Resonanz ist keine Einbahnstrasse. Sie entsteht aus einem Wechselspiel von Geben und Nehmen, von Spiegeln und Sich-Spiegeln-Lassen, von Berühren und Berührtwerden. Der Vermittler wird in jedem Gespräch selbst Teil der emotionalen Dynamik. Er bleibt nicht ausserhalb, sondern wird zum Mitspieler, zum Resonanzkörper, zum lebendigen Teil des Feldes. Seine Präsenz verändert das emotionale Klima, seine Haltung prägt die Möglichkeiten der Begegnung. In dieser Rolle wächst seine Verantwortung. Denn emotionale Resonanz kann heilen – oder verletzen.

Sie kann Vertrauen aufbauen – oder zerstören. Sie kann Räume öffnen – oder verschliessen. Der Vermittler muss diese Macht achtsam einsetzen. Er darf emotionale Resonanz nicht instrumentalisieren, nicht manipulativ nutzen, nicht als Waffe gebrauchen. Er muss sie als Geschenk begreifen, als zarten Faden, der Beziehung ermöglicht und Wandel trägt.

Emotionale Resonanz bedeutet auch, Konflikte nicht zu scheuen. Sie bedeutet, Spannung zuzulassen, Konfrontation zu ermöglichen, Unterschiede sichtbar zu machen. Aber sie tut dies in einer Weise, die die Beziehung nicht zerstört, sondern vertieft. Der Vermittler weiss, dass echte Begegnung nicht im Harmonisieren von Differenzen liegt, sondern im Aushalten ihrer Spannung, im Gestalten ihrer Energie, im kreativen Umgang mit ihrer Kraft.

In der Praxis bedeutet das, dass Vermittlung oft weniger durch brillante Argumente gelingt als durch die Kunst der Präsenz. Ein einziger Moment echter Resonanz kann mehr bewirken als Stunden von Debatten. Ein einziger Blick, ein einziges echtes Zuhören, ein einziges authentisches Benennen dessen, was im Raum ist, kann Blockaden lösen, Vertrauen stiften, neue Bewegungen ermöglichen.

Der Vermittler gestaltet diese Momente nicht künstlich. Er erzwingt sie nicht. Er bereitet die Bedingungen vor, unter denen sie entstehen können. Durch seine eigene Offenheit. Durch seine eigene Klarheit. Durch seine eigene emotionale Wahrhaftigkeit. Er lädt die Beteiligten ein, nicht nur zu denken, sondern zu fühlen. Nicht nur zu argumentieren, sondern zu erleben. Nicht nur Positionen zu vertreten, sondern sich als Menschen zu zeigen. Diese Arbeit ist anspruchsvoll. Sie verlangt Mut, sich auf Unsicherheit einzulassen. Sie verlangt Demut gegenüber der Komplexität menschlicher Begegnungen. Sie verlangt Vertrauen in Prozesse, die nicht vollständig kontrollierbar sind. Aber sie eröffnet Möglichkeiten, die anders nicht erreichbar sind. Möglichkeiten echter Verständigung. Möglichkeiten nachhaltiger Lösungen. Möglichkeiten echter Transformation. Emotionale Resonanz ist kein Luxus in der Vermittlung. Sie ist ihre Essenz. Ohne sie bleiben Prozesse oberflächlich. Ohne sie bleiben Vereinbarungen brüchig. Ohne sie bleiben Veränderungen instabil. Mit ihr jedoch kann Vermittlung zu einer Kraft werden, die nicht nur Konflikte löst, sondern Beziehungen erneuert. Nicht nur Interessen austariert, sondern Identitäten integriert. Nicht nur Lösungen organisiert, sondern Zukunft gestaltet. Der Vermittler, der emotionale Resonanz lebt und ermöglicht, wird damit zum Träger einer neuen Form von Wirksamkeit. Einer Wirksamkeit, die nicht auf Dominanz beruht, sondern auf Beziehung. Einer Wirksamkeit, die nicht durch Kontrolle entsteht, sondern durch Verbindung. Einer Wirksamkeit, die nicht nur an Ergebnissen gemessen wird, sondern an der Tiefe und Nachhaltigkeit der Veränderungen, die sie ermöglicht.

Und so wird Vermittlung, verstanden als Gestaltung emotionaler Resonanzräume, zu einer der wichtigsten Fähigkeiten unserer Zeit. In einer Welt, die von Beschleunigung, Fragmentierung und Polarisierung geprägt ist, wird die Fähigkeit, echte Resonanz herzustellen, zum Schlüssel für soziale Innovation, für politische Stabilität, für wirtschaftliche Erneuerung.

Notizen:

Notizen:

Kapitel 13. Mediative Führung – Wie Vermittler Teams und Organisationen nachhaltig stärken

Führung war lange gleichbedeutend mit Steuerung, Kontrolle und Durchsetzung. Der Vorgesetzte gab vor, der Mitarbeiter setzte um. Doch diese Vorstellung von Führung zerbricht unter den Anforderungen einer Welt, die immer komplexer, dynamischer und unvorhersehbarer wird. Teams sind heute keine Befehlsformationen mehr, sondern lebendige soziale Systeme, in denen Identitäten, Emotionen und Beziehungen mindestens ebenso wichtig sind wie Prozesse, Strategien und Kennzahlen. Führung kann in solchen Systemen nicht mehr nur darin bestehen, Entscheidungen zu treffen und Ressourcen zu verwalten. Sie muss Räume schaffen, in denen Zusammenarbeit gedeihen kann. Sie muss Vertrauen ermöglichen, Konflikte produktiv gestalten, Sinn stiften, Entwicklung begleiten. Und genau hier beginnt die Arbeit der mediativ wirkenden Führungskraft – der Vermittler in Führung.

Mediative Führung bedeutet, Führung nicht als Ausübung von Macht, sondern als Gestaltung von Beziehungen zu verstehen. Nicht als Durchsetzung von Vorgaben, sondern als Ermöglichung von Verständigung. Nicht als Kontrolle von Menschen, sondern als Förderung gemeinsamer Entwicklung. Der mediative Führer ist kein Manager von Aufgaben, sondern ein Gestalter von sozialen Feldern. Er schafft die emotionalen, kulturellen und kommunikativen Voraussetzungen, unter denen Teams ihr volles Potenzial entfalten können. Dies beginnt mit einer radikal anderen Haltung gegenüber Konflikten. Wo klassische Führung Konflikte oft als Störungen begreift, die möglichst schnell zu beseitigen sind, sieht die mediative Führungskraft im Konflikt einen natürlichen, ja notwendigen Bestandteil lebendiger Systeme. Konflikte zeigen, dass etwas in Bewegung ist. Sie machen Spannungen sichtbar, die sonst im Verborgenen wirken würden. Sie eröffnen Chancen zur Klärung, zur Weiterentwicklung, zur Neugestaltung von Beziehungen und Strukturen. Der Vermittler in der Führung vermeidet Konflikte nicht. Er ermöglicht ihre bewusste Bearbeitung. Er schafft Räume, in denen Spannungen ausgesprochen werden können, ohne dass Gesichtsverlust droht. Er gestaltet Prozesse, in denen Unterschiede nicht als Bedrohung, sondern als Ressource erlebt werden. Er unterstützt Teams darin, Konflikte nicht zu personalisieren, sondern sie als Ausdruck unterschiedlicher Bedürfnisse, Perspektiven und Interessen zu verstehen. Und er begleitet sie dabei, aus dieser Vielfalt neue Lösungen zu entwickeln, die reicher, tragfähiger und innovativer sind als jede einseitige Durchsetzung. Mediative Führung bedeutet auch, Verantwortung neu zu denken. Verantwortung ist nicht länger die Last, die oben getragen wird und unten delegiert wird. Verantwortung wird geteilt.

Die mediative Führungskraft ermächtigt ihr Team, Verantwortung für Prozesse, Beziehungen und Ergebnisse selbst zu übernehmen. Sie vertraut auf die kollektive Intelligenz, auf die Kreativität und die Selbstorganisationsfähigkeit der Menschen, mit denen sie arbeitet. Sie steuert nicht jeden Schritt, sondern sie setzt klare Rahmen, in denen Eigenverantwortung wachsen kann. Und sie ist präsent, um Orientierung zu geben, wo sie gebraucht wird, Halt zu bieten, wo Unsicherheit entsteht, Resonanz zu ermöglichen, wo Verbindung notwendig ist. In dieser Form der Führung wird Kommunikation zur zentralen Ressource. Aber nicht Kommunikation im Sinne blosser Informationsweitergabe. Sondern Kommunikation als Schaffung von Verständigung, als Gestaltung von Beziehung, als Medium kollektiver Sinnfindung. Die mediative

Führungskraft hört nicht nur zu, um Fakten zu erfassen. Sie hört, um Stimmungen zu erspüren, um Bedürfnisse zu erkennen, um die unausgesprochenen Themen zu identifizieren, die unter der Oberfläche wirken. Sie spricht nicht nur, um Anweisungen zu geben. Sie spricht, um Räume zu öffnen, um Perspektiven zu erweitern, um Vertrauen zu stärken.

Diese Kommunikation ist nicht taktisch, sondern authentisch. Sie verzichtet auf Manipulation, auf versteckte Agenden, auf subtile Machtdemonstrationen. Sie basiert auf Klarheit, auf Respekt, auf echter Präsenz. Die mediative Führungskraft zeigt sich als Mensch, nicht nur als Rolle. Sie steht zu ihren Unsicherheiten, ohne ihre Autorität zu verlieren. Sie spricht über ihre Werte, ohne sie anderen aufzuzwingen. Sie öffnet sich für andere Perspektiven, ohne ihre eigene Richtung aufzugeben. Diese Echtheit schafft Vertrauen. Und Vertrauen ist die Grundlage jeder nachhaltigen Zusammenarbeit. Mediative Führung bedeutet auch, Sinnräume zu gestalten. Menschen engagieren sich nicht dauerhaft für Aufgaben, deren Sinn sie nicht erkennen. Sie brauchen eine Verbindung zwischen ihrer Arbeit und etwas Grösserem, etwas, das über individuelle Interessen hinausgeht. Die mediative Führungskraft unterstützt diese Sinnfindung, nicht indem sie fertige Visionen verkauft, sondern indem sie gemeinsame Sinnprozesse ermöglicht. Sie fragt nach dem Warum. Sie lädt dazu ein, die Bedeutung der Arbeit gemeinsam zu erkunden. Sie schafft Gelegenheiten, in denen Werte nicht nur plakatiert, sondern gelebt werden können. In denen der individuelle Beitrag nicht nur funktional, sondern bedeutsam wird. In dieser Haltung wird Führung selbst zu einem Prozess kollektiver Sinnstiftung. Nicht der eine führt und die anderen folgen, sondern alle gestalten gemeinsam das Feld, in dem Führung möglich wird. Die mediative Führungskraft bleibt dabei in einer paradoxen Rolle: Sie gibt Orientierung, ohne zu dirigieren. Sie hält Räume offen, ohne sie beliebig werden zu lassen. Sie fördert Eigenverantwortung, ohne sich aus der Verantwortung zu stehlen. Sie ermöglicht Wandel, ohne Haltlosigkeit zu erzeugen. Diese Art der Führung verlangt eine tiefe innere Klarheit. Der Vermittler in der Führung muss sich seiner eigenen Werte, Motive und Grenzen bewusst sein. Er muss seine eigenen Ängste vor Kontrollverlust erkennen und integrieren. Er muss bereit sein, die eigene Macht nicht zum Selbstzweck zu nutzen, sondern in den Dienst gemeinsamer Entwicklung zu stellen. Er muss die Balance halten zwischen Nähe und Distanz, zwischen Empathie und Klarheit, zwischen Anpassungsfähigkeit und innerer Standfestigkeit.

Und gerade weil diese Balance so anspruchsvoll ist, ist die mediative Führungskraft heute dringender gebraucht denn je. In einer Welt, in der Komplexität zunimmt und Hierarchien an Bedeutung verlieren, braucht es Führungsformen, die Beziehungen gestalten, nicht nur Strukturen. Die Vertrauen ermöglichen, nicht nur Compliance sichern. Die Sinn stiften, nicht nur Ziele vorgeben. Die Entwicklung begleiten, nicht nur Leistung fordern.

Der Vermittler in der Führung wird so zum unsichtbaren Motor nachhaltiger Stärke. Er fördert Teams, die nicht nur funktionieren, sondern wachsen. Er begleitet Organisationen, die nicht nur effizient sind, sondern lebendig. Er gestaltet Kulturen, die nicht nur überleben, sondern innovativ Zukunft schaffen.

Und indem er das tut, verändert er nicht nur die Art, wie geführt wird. Er verändert die Art, wie Menschen zusammenarbeiten, wie sie Konflikte erleben, wie sie Entwicklung begreifen. Er öffnet Wege zu einer neuen Form von Zusammenarbeit, die auf Beziehung gründet, auf Vertrauen wächst und auf Sinn zielt. Einer

Zusammenarbeit, die nicht länger in der alten Logik von Befehl und Gehorsam verhaftet ist, sondern die neue Räume von Freiheit, Verantwortung und Kreativität eröffnet. In dieser neuen Logik wird Vermittlung zum Herzstück von Führung. Nicht als Technik. Nicht als Zusatzkompetenz. Sondern als Haltung. Als innerer Kompass. Als stilles, aber kraftvolles Fundament, auf dem nachhaltige Entwicklung möglich wird.

Notizen:

Notizen:

Kapitel 14. Vermittlung als strategisches Instrument – Wie kluge Systeme Konflikte nutzen

Konflikte gelten gemeinhin als Bedrohung für Stabilität, als Störung harmonischer Abläufe, als Risiko für Zusammenhalt und Erfolg. In Unternehmen, Organisationen und politischen Systemen werden sie oft als Schwäche verstanden, als Anzeichen von Versagen, als Fehlentwicklung, die schnellstmöglich korrigiert werden muss. Doch diese Sichtweise ist ein Missverständnis. Konflikte sind nicht das Problem. Sie sind das Symptom eines lebendigen Systems. Sie sind der sichtbare Ausdruck unsichtbarer Spannungen, die in jedem dynamischen Gefüge notwendig entstehen, wenn Interessen sich verändern, wenn Ziele sich verschieben, wenn Identitäten wachsen oder sich neu definieren. Und genau deshalb sind Konflikte nicht die Krankheit eines Systems, sondern seine Chance auf Erneuerung.

Kluge Systeme haben das verstanden. Sie verteidigen sich nicht reflexhaft gegen Konflikte, sondern sie nutzen sie strategisch. Sie begreifen Konflikte nicht als Ausnahmezustand, sondern als Teil des normalen Lebenszyklus einer Organisation. Sie wissen, dass Innovation nicht aus Harmonie entsteht, sondern aus dem kreativen Umgang mit Differenz. Dass Entwicklung nicht durch Vermeidung von Reibung geschieht, sondern durch deren bewusste Gestaltung. Dass Stabilität nicht aus der Unterdrückung von Spannungen wächst, sondern aus der Fähigkeit, sie produktiv zu integrieren. In dieser Logik wird Vermittlung zum strategischen Instrument. Nicht als Feuerwehr in der Krise, nicht als Reparaturbetrieb für gescheiterte Kommunikation, sondern als permanenter Bestandteil kluger Systemgestaltung. Vermittlung wird zur

Methode, durch die Konflikte frühzeitig erkannt, verstanden und genutzt werden können. Zur Kompetenz, durch die Spannungen nicht eskalieren, sondern Entwicklungsprozesse anstossen. Zur Haltung, die Konflikte nicht fürchtet, sondern in ihnen die Saat neuer Lösungen erkennt. Der Vermittler in diesem Kontext ist kein Krisenmanager. Er ist ein Architekt lernender Systeme. Er gestaltet Prozesse so, dass Unterschiede nicht in Feindseligkeit umschlagen, sondern in kreative Spannung. Er schafft Kommunikationsräume, in denen Konflikte frühzeitig thematisiert werden können, bevor sie sich verhärten. Er fördert eine Kultur, in der Widerspruch nicht sanktioniert, sondern willkommen geheissen wird. In der Dissens nicht als Bedrohung, sondern als Quelle neuer Perspektiven erlebt wird.

Diese Arbeit beginnt mit einer radikal anderen Haltung gegenüber Differenz. Wo klassische Organisationen oft versuchen, Unterschiede einzuebnen, Normen zu setzen, Konformität zu belohnen, erkennt der Vermittler, dass Unterschiede die Lebensenergie des Systems sind. Unterschiedliche Perspektiven bringen neue Informationen, neue Ideen, neue Lösungswege. Unterschiedliche Interessen zwingen dazu, bestehende Strukturen zu hinterfragen und zu erneuern. Unterschiedliche Identitäten eröffnen neue Räume der Zugehörigkeit und des Sinns.

Doch um diese Potenziale zu nutzen, müssen Systeme lernen, Differenz nicht als Gefahr zu erleben. Sie müssen lernen, Spannung auszuhalten, ohne sie sofort aufzulösen. Sie müssen lernen, Ambivalenz zu tragen, ohne in Angst oder Aggression zu verfallen. Und sie müssen lernen, Konflikte nicht als Störungen zu behandeln, sondern als Gelegenheiten zur kollektiven Weiterentwicklung. Der Vermittler gestaltet diese Lernprozesse, indem er neue Gesprächsformen einführt, neue Arten der Entscheidungsfindung ermöglicht, neue Rituale der Konfliktbearbeitung entwickelt. Er schafft Räume, in denen nicht nur über Lösungen verhandelt wird, sondern über die tiefer liegenden Bedürfnisse, Werte und Zukunftsvorstellungen, die hinter den sichtbaren Positionen stehen. Er begleitet Systeme dabei, nicht nur die Oberfläche der Konflikte zu bearbeiten, sondern ihre Wurzeln zu erkunden und daraus neue Kraft zu schöpfen. Diese Arbeit ist tief und oft unsichtbar. Ihre Erfolge zeigen sich nicht in spektakulären Verhandlungen oder schnellen Einigungen. Sie zeigen sich in der Art und Weise, wie das System Konflikte erlebt und gestaltet. In der Fähigkeit, Spannungen frühzeitig zu erkennen. In der Bereitschaft, offene Kommunikation auch in schwierigen Situationen aufrechtzuerhalten. In der Kompetenz, Widerspruch produktiv zu integrieren, anstatt ihn zu bekämpfen oder zu verdrängen.

Vermittlung wird in diesem Verständnis zu einem strategischen Instrument der Resilienz. Resiliente Systeme sind nicht die Systeme, die keine Konflikte haben. Sie sind die Systeme, die Konflikte nutzen können, um stärker zu werden. Die Systeme, die aus Differenz lernen können, anstatt an ihr zu zerbrechen. Die Systeme, die Wandel nicht nur erleiden, sondern ihn aktiv gestalten.

Der Vermittler unterstützt diese Resilienz, indem er die emotionale Intelligenz des Systems stärkt. Er hilft dabei, Emotionen nicht zu verdrängen oder zu dramatisieren, sondern sie als Träger von Information zu nutzen. Er fördert die Fähigkeit, zwischen Bedürfnissen und Positionen zu unterscheiden. Er unterstützt die Entwicklung eines gemeinsamen Vokabulars für das Bearbeiten von Spannungen und Konflikten. Und er stärkt die innere Haltung, in der Unterschiede nicht mehr als Bedrohung erlebt werden müssen, sondern als Ressource. In dieser Rolle wird der Vermittler zu einem unsichtbaren Teil der DNA des Systems. Er wird nicht nur im Krisenfall gerufen. Er wird Teil der alltäglichen Dynamik. Er wird zum Ermöglicher eines neuen Umgangs mit Unsicherheit, Komplexität und Veränderung. Und gerade dadurch wird er zum Motor nachhaltiger Entwicklung.

Diese Form der Vermittlung verändert nicht nur die Art und Weise, wie Konflikte bearbeitet werden. Sie verändert die Kultur des Systems. Sie verändert die Art und Weise, wie Zusammenarbeit gedacht wird. Wie Führung gestaltet wird. Wie Innovation entsteht. Sie schafft Organisationen, die nicht trotz ihrer Konflikte stark sind, sondern wegen ihrer Fähigkeit, Konflikte als Wachstumsimpulse zu nutzen. Und damit wird Vermittlung zu einem strategischen Schlüssel für die Zukunftsfähigkeit von Organisationen und Gesellschaften. In einer Welt, die zunehmend von Komplexität, Unsicherheit und Divergenz geprägt ist, werden nicht die Systeme überleben, die Konflikte vermeiden können. Es werden die Systeme sein, die Konflikte gestalten können. Die Systeme, die Vermittlung nicht als Notfallmassnahme, sondern als strategisches Instrument begreifen. Die Systeme, die Spannungen nicht fürchten, sondern als Treibstoff für ihre eigene Erneuerung nutzen.

In dieser Zukunft wird der Vermittler nicht mehr der Krisenmanager am Rand der Prozesse sein. Er wird der Architekt der Möglichkeitsräume, der Gestalter der Resonanzfelder, der stille Ermöglicher von Entwicklung inmitten von Spannungen.

Vermittlung wird nicht mehr die Ausnahme sein. Sie wird zur Grundlage kluger Systemgestaltung. Der Vermittler, der Vermittlung als strategisches Instrument versteht, erkennt, dass sein Wirken nicht auf die sichtbare Oberfläche der Prozesse beschränkt bleiben darf. Er wirkt auf der Ebene der Haltungen, der unbewussten Muster, der kollektiven Selbstbilder. Er weiss, dass nachhaltige Veränderung nicht durch neue Regeln entsteht, sondern durch neue Wahrnehmungen, neue Beziehungserfahrungen, neue Formen kollektiver Selbstverständigung. Er arbeitet daran, Systeme auf eine Weise zu gestalten, die ihnen erlaubt, ihre Konflikte als Teil ihres inneren Wachstums zu begreifen und kreativ zu nutzen. Dies erfordert eine besondere Form von Geduld. Denn Systeme verändern sich nicht durch Intervention allein. Sie verändern sich durch die Erfahrung neuer Möglichkeitsräume, durch das Erleben neuer Formen von Beziehung, durch das wiederholte Erleben, dass Konflikte nicht zerstören müssen, sondern entwickeln können. Der Vermittler bereitet diese Erfahrungen vor. Er hält die Räume offen, auch wenn der Impuls gross ist, sie schnell wieder zu schliessen. Er vertraut auf die tieferen Bewegungen, die unter der Oberfläche der sichtbaren Prozesse wirken.

Und er weiss, dass Vermittlung nicht bedeutet, Konflikte zu entschärfen, um Frieden zu erzwingen. Sie bedeutet, den wahren Kern der Spannung zu finden, ihn sichtbar zu machen und zu würdigen, ihn zum Ausgangspunkt neuer Verständigung zu machen. In dieser Arbeit verliert das Konzept des Kompromisses seine alte Dominanz. Vermittlung zielt nicht auf den kleinsten gemeinsamen Nenner, sondern auf die Erschaffung neuer gemeinsamer Räume, in denen die Unterschiede nicht verwischt, sondern integriert werden können. Diese Integration ist nicht harmonisch. Sie ist nicht konfliktfrei. Sie ist lebendig, spannungsvoll, dynamisch. Sie verlangt die Bereitschaft, sich immer wieder neu aufeinander zu beziehen, sich immer wieder neu zu verständigen, sich immer wieder neu zu befragen: Wer sind wir? Was wollen wir? Wofür stehen wir gemeinsam ein? In dieser Dynamik wird Vermittlung zu einem kontinuierlichen Prozess kollektiver Selbstgestaltung.

Der Vermittler begleitet diesen Prozess, nicht indem er Lösungen vorgibt, sondern indem er Fragen stellt, Räume öffnet, Resonanz ermöglicht. Er ist nicht der Experte für die Inhalte der Konflikte, sondern der Experte für die Gestaltung der Prozesse, durch die diese Inhalte transformiert werden können. Seine Autorität beruht nicht auf besserem Wissen, sondern auf der Fähigkeit, Vertrauen herzustellen, Klarheit zu fördern, Entwicklung zu ermöglichen. In dieser Rolle wird Vermittlung zu einer politischen, sozialen, kulturellen Kraft ersten Ranges. Sie wird zum Gegenmodell jener alten Logik, die Konflikte nur als Kämpfe um Macht versteht. Sie wird zum Gegenmittel gegen jene Dynamiken, die Unterschiedlichkeit in Feindschaft verwandeln. Sie wird zur schöpferischen Energie, durch die aus Fragmentierung neue Gemeinschaft, aus Konfrontation neue Kooperation, aus Unsicherheit neue Handlungsfähigkeit entstehen kann.

Und mehr noch: Vermittlung wird zum Schlüssel für die Gestaltung der Systeme, die in einer komplexen Welt überlebensfähig bleiben. Systeme, die nicht auf Kontrolle, sondern auf Beziehung setzen. Systeme, die nicht auf starre Ordnung, sondern auf lebendige Resonanz setzen. Systeme, die nicht auf Angst, sondern auf Vertrauen setzen. Die Systeme der Zukunft werden nicht die Systeme sein, die ihre Konflikte am besten unterdrücken können. Sie werden die Systeme sein, die ihre Konflikte am tiefsten verstehen, am klügsten gestalten, am kreativsten nutzen können. Sie werden die Systeme sein, die Vermittlung als zentrale strategische Kompetenz entwickelt haben – nicht als Sonderfall, sondern als Normalfall. Nicht als Reparaturmechanismus, sondern als Motor kontinuierlicher Erneuerung. Und so wird der Vermittler, der heute seine Arbeit im Schatten verrichtet, morgen im Zentrum stehen.

Nicht als Machthaber, sondern als Ermöglicher. Nicht als Entschei-der, sondern als Gestalter. Nicht als Retter, sondern als Architekt lebendiger, lernender, widerstandsfähiger Systeme. Vermittlung als strategisches Instrument bedeutet deshalb letztlich, eine neue Kultur der Zusammenarbeit, des Umgangs mit Konflikt, des Um-gangs mit Differenz zu schaffen. Eine Kultur, die Komplexität nicht reduziert, sondern gestaltet. Eine Kultur, die Unsicherheit nicht fürchtet, sondern als Quelle von Innovation nutzt. Eine Kultur, die Unterschiedlichkeit nicht vernichtet, sondern in eine neue, ge-meinsame Dynamik überführt.

Diese Kultur wächst nicht von selbst. Sie braucht Pflege, Geduld, Leidenschaft. Sie braucht Räume, in denen neue Erfahrungen möglich werden. Sie braucht Menschen, die bereit sind, alte Si-cherheiten loszulassen, neue Wege zu gehen, sich auf die Unsi-cherheit echter Begegnung einzulassen.

Und sie braucht Vermittler, die diese Räume halten können. Ver-mittler, die Spannungen nicht fürchten, sondern gestalten. Ver-mittler, die Konflikte nicht vermeiden, sondern als Quelle von Ent-wicklung nutzen. Vermittler, die nicht auf der Oberfläche bleiben, sondern die Tiefe der Systeme erreichen. Vermittler, die verste-hen, dass jedes System in seinem Innersten die Fähigkeit zur Transformation trägt – wenn es die richtigen Bedingungen findet.

Vermittlung ist deshalb nicht die Antwort auf das Problem des Konflikts. Sie ist die Einladung, Konflikt neu zu begreifen. Nicht als Katastrophe. Sondern als Chance. Nicht als Zeichen des Schei-terns. Sondern als Moment des Übergangs. Nicht als Störung der Ordnung. Sondern als Beginn einer neuen, lebendigeren Ordnung. Und der Vermittler, der diese Einladung lebt und ermöglicht, wird zum unsichtbaren Pionier einer neuen Welt des Zusammenwirkens.

Notizen:

Kapitel 15. Grenzen der Vermittlung – Wann Systeme sich nicht verändern lassen

Vermittlung ist keine Allmacht. So feinfühlig, so kraftvoll, so strategisch sie eingesetzt werden kann, gibt es doch Situationen, in denen Vermittlung an ihre Grenzen stösst. Systeme sind nicht beliebig formbar. Nicht jede Spannung lässt sich in produktive Energie verwandeln. Nicht jede Blockade ist ein Durchgangsstadium auf dem Weg zur Erneuerung. Nicht jede Differenz kann integriert, nicht jeder Konflikt transformiert werden. Es gibt Konstellationen, in denen Systeme sich abschliessen, verhärten, verschliessen. Wo Bewegung nicht mehr möglich ist. Wo Vermittlung nicht scheitert, sondern an eine Grenze trifft, die nicht durch noch klügeres Fragen, noch achtsameres Hören, noch präziseres Begleiten überschritten werden kann.

Diese Grenze zu erkennen, gehört zu den schwersten Aufgaben des Vermittlers. Denn sie widerspricht seinem innersten Antrieb, Räume zu öffnen, Verbindungen zu ermöglichen, Wandel zu gestalten. Sie konfrontiert ihn mit der Ohnmacht inmitten seiner Kompetenz, mit der Begrenztheit seiner Werkzeuge, mit der existenziellen Realität, dass Systeme nur dann Veränderungen zulassen, wenn sie selbst dazu bereit sind.

Veränderung ist kein Prozess, der von aussen erzwungen werden kann. Sie ist eine Bewegung, die aus dem Innersten des Systems heraus entstehen muss. Vermittlung kann diese Bewegung anregen, begleiten, fördern. Sie kann die Bedingungen verbessern, unter denen Bewegung möglich wird. Aber sie kann nicht den Willen zur Veränderung ersetzen. Sie kann nicht die Angst überwinden, die in einem System regiert, wenn es an alten Strukturen festhält.

Sie kann nicht die Identität auflösen, die sich im Widerstand gegen das Neue verhärtet hat. Manche Systeme sind nicht bereit, sich zu verändern, weil der Schmerz des Bestehenden noch nicht gross genug ist, um das Risiko des Unbekannten auf sich zu nehmen. Manche Systeme sind gefangen in Geschichten, die sie sich selbst erzählen – Geschichten von Bedrohung, von Opfersein, von heroischem Widerstand –, und sie sind nicht bereit, diese Geschichten loszulassen, selbst wenn sie leiden. Manche Systeme sind in Machtstrukturen erstarrt, in denen jede Bewegung die Positionen gefährden würde, auf denen Loyalität und Sicherheit beruhen. Und manche Systeme haben so viel Angst vor der eigenen Fragmentierung, dass sie lieber in starrer Ordnung ersticken als das Risiko lebendiger, aber unsicherer Erneuerung einzugehen.

In diesen Momenten stösst Vermittlung an ihre Grenze. Nicht, weil sie versagt hätte. Sondern weil Veränderung ein Angebot ist, kein Befehl. Weil Öffnung eine freiwillige Bewegung ist, kein mechanisches Ergebnis. Weil Vertrauen wachsen muss, nicht verordnet werden kann. Der Vermittler muss diese Grenze erkennen und achten. Er muss aufhören, gegen das System zu arbeiten, es zu drängen, es zu retten. Er muss die Würde der Entscheidung des Systems respektieren, auch wenn sie in seiner Perspektive destruktiv erscheint.

Diese Anerkennung ist kein Zynismus. Sie ist keine Resignation. Sie ist Ausdruck tiefer Achtung vor der Autonomie lebendiger Systeme. Der Vermittler bleibt verfügbar. Er bleibt präsent. Er hält den Raum offen, soweit das System es zulässt. Aber er nimmt sich selbst heraus aus der Dynamik des Zwangs. Er versteht, dass manchmal Warten klüger ist als Drängen. Dass manchmal das Angebot der Veränderung still bestehen bleiben muss, ohne sich aufzudrängen. Dass manchmal der richtige Moment noch nicht gekommen ist – oder vielleicht nie kommen wird. Diese Haltung verlangt eine tiefe innere Freiheit des Vermittlers. Freiheit von der Identifikation mit dem Erfolg. Freiheit von der Illusion der Allmacht. Freiheit von der Angst vor dem eigenen Scheitern. Sie verlangt die Fähigkeit, zu dienen, ohne sich aufzudrängen. Zu begleiten, ohne zu vereinnahmen. Angebote zu machen, ohne Bedingungen zu stellen.

Manchmal bedeutet dies, Prozesse zu beenden. Gespräche nicht weiterzuführen. Interventionen abzubrechen. Sich zurückzuziehen. Raum zu lassen. Stillzuhalten. Und diese Zurückhaltung ist keine Flucht. Sie ist eine Form des Respekts. Sie ist das stille Eingeständnis, dass Systeme ihr eigenes Tempo, ihre eigene innere Notwendigkeit, ihre eigene tiefe Logik haben, die der Vermittler nicht immer verstehen, schon gar nicht kontrollieren kann.

Es gibt Systeme, die durch Krisen gehen müssen, bevor sie Veränderung zulassen. Es gibt Systeme, die durch Zusammenbruch und Neuaufbau lernen, was sie im Dialog nicht begreifen konnten. Es gibt Systeme, die erst durch den Schmerz der Wiederholung alter Fehler offen werden für neue Wege. Der Vermittler kann diese Prozesse nicht verhindern. Er kann nur dafür sorgen, dass die Möglichkeit der Verständigung nicht verschwindet. Dass irgendwo, in einem Teil des Systems, die Erinnerung an eine andere Art des Miteinanders bewahrt bleibt.

Und manchmal genügt genau dies: die stille Existenz eines anderen möglichen Weges. Die Erinnerung daran, dass Dialog möglich war. Dass Resonanz spürbar war. Dass Wandel denkbar war. Auch wenn das System in diesem Moment nicht den Mut hatte, diesen Weg zu gehen. Diese stille Spur kann, später, in einem anderen Moment, in einer neuen Konstellation, wieder aufgenommen werden. Und dann wird Vermittlung wirksam, nicht weil sie sich durchgesetzt hätte, sondern weil sie verfügbar blieb.

Vermittlung als Kunst des Möglichmachens bedeutet deshalb immer auch, das Unmögliche aushalten zu können. Die Unbeweglichkeit, die Verhärtung, die Angst. Es bedeutet, den Raum offen zu halten, auch wenn er leer bleibt. Die Hoffnung lebendig zu halten, auch wenn sie nicht erwidert wird. Die Verbindung anzubieten, auch wenn sie nicht angenommen wird.

Und in dieser Haltung bewahrt der Vermittler seine eigene Integrität. Er wird nicht Teil der Verhärtung. Er wird nicht Teil des Kampfes. Er wird nicht Teil der Machtspiele. Er bleibt ein Ort der Möglichkeit, ein Raum der Einladung, ein leiser Zeuge dessen, was hätte sein können – und vielleicht eines Tages sein wird.

In einer Welt, die schnelle Ergebnisse fordert, einfache Lösungen verlangt, Erfolg an kurzfristigen Siegen misst, ist diese Haltung radikal. Sie widerspricht der Logik der Effizienz, der Herrschaft, der Durchsetzung. Aber sie ist die einzige Haltung, die der Tiefe von Veränderungsprozessen gerecht wird. Sie ist die Haltung desjenigen, der verstanden hat, dass echter Wandel nicht erzwungen werden kann, sondern wachsen muss – und dass dieses Wachstum manchmal Zeit braucht, manchmal Schmerz braucht, manchmal den Mut braucht, lange in der Dunkelheit zu warten.

Und so wird die Anerkennung der Grenzen der Vermittlung nicht zum Zeichen von Schwäche, sondern zum Ausdruck höchster Professionalität. Sie wird zum Zeugnis einer Weisheit, die weiss, dass Systeme, genau wie Menschen, nicht immer bereit sind, sich zu öffnen. Und dass gerade in dieser Anerkennung ein neuer Raum entsteht: ein Raum stiller, unaufdringlicher, respektvoller

Einladung zur Veränderung. Eine Einladung, die nicht verschwindet. Auch dann nicht, wenn sie lange ungehört bleibt.

Notizen:

Notizen

Kapitel 16. Vertrauen als Grundlage – Warum Vermittlung mehr ist als Technik

Es gibt eine stille Kraft, ohne die kein Vermittlungsprozess gelingen kann. Eine Kraft, die keine Formulare kennt, keine Argumente braucht, keine Methoden ersetzt. Eine Kraft, die im Hintergrund wirkt und doch jede Begegnung prägt, jede Öffnung ermöglicht, jede Lösung trägt. Diese Kraft heisst Vertrauen. Ohne Vertrauen bleibt jede Vermittlung ein technisches Spiel, ein taktisches Manöver, eine Simulation von Verständigung, die bei der ersten Belastungsprobe zerbricht. Mit Vertrauen aber wird Vermittlung zu einem Raum echter Transformation. Zu einem Raum, in dem Menschen sich zeigen können, ohne sich zu fürchten. In dem Systeme ihre alten Sicherheiten hinterfragen können, ohne zusammenzubrechen. In dem neue Wege sichtbar werden, weil das Alte nicht mehr verteidigt werden muss.

Vertrauen ist kein Produkt von Argumenten. Es entsteht nicht, weil die Fakten stimmen oder die Strategie logisch ist. Vertrauen entsteht aus Beziehung. Aus dem Erleben von Echtheit. Aus der Erfahrung, dass da jemand ist, der nicht manipuliert, nicht drängt, nicht sich selbst in den Vordergrund stellt. Vertrauen wächst, wenn Präsenz spürbar wird. Wenn Zuhören echt ist. Wenn Worte und Haltung übereinstimmen. Wenn der Vermittler nicht nur über Lösungen spricht, sondern selbst zum Raum der Möglichkeit wird.

Vermittlung ist deshalb weit mehr als das geschickte Anwenden von Techniken. Techniken können helfen. Sie können Strukturen bieten, Orientierung schaffen, Prozesse stützen. Aber ohne Vertrauen bleiben sie hohl. Ohne Vertrauen werden selbst die besten Methoden zur Inszenierung, zum Ritual ohne Substanz. Erst

Vertrauen gibt der Technik Leben. Erst Vertrauen macht Vermittlung möglich. Der Vermittler weiss um diese Grundlage. Er arbeitet nicht nur am Prozess. Er arbeitet an der Beziehung. An der Atmosphäre. Am Raum des Möglichen. Er weiss, dass jedes Wort, jede Geste, jede Intervention entweder Vertrauen nährt oder zerstört. Dass jede Unachtsamkeit, jede Ungeduld, jede versteckte Agenda spürbar wird und das zarte Geflecht der Beziehung beschädigen kann. Deshalb beginnt echte Vermittlung nicht mit Techniken.

Sie beginnt mit der inneren Haltung des Vermittlers. Mit seiner Fähigkeit, präsent zu sein, ohne zu drängen. Offen zu sein, ohne sich zu verlieren. Klar zu sein, ohne zu verurteilen. Standhaft zu sein, ohne zu verhärten. Diese Haltung ist nicht erlernbar im klassischen Sinne. Sie wächst aus der eigenen Arbeit an sich selbst. Aus der Fähigkeit, eigene Ängste zu erkennen und zu integrieren. Aus der Bereitschaft, eigene Bedürfnisse zu reflektieren und in den Dienst der Prozesse zu stellen. Aus der Übung, auch in schwierigen Momenten offen und verbunden zu bleiben.

Vertrauen entsteht nicht auf Knopfdruck. Es wächst langsam. Es braucht Wiederholung. Es braucht Konsistenz. Es braucht die Erfahrung, dass der Raum hält, auch wenn es schwierig wird. Dass der Vermittler bleibt, auch wenn es ungemütlich wird. Dass Echtheit nicht nur behauptet, sondern gelebt wird. In diesem Sinn wird Vermittlung zur Kunst der stillen Verlässlichkeit. Zur Kunst, Räume zu halten, in denen Menschen sich selbst und einander neu begegnen können. Zur Kunst, Sicherheit zu schaffen, nicht durch Kontrolle, sondern durch Präsenz. Zur Kunst, Wandel möglich zu machen, nicht durch Argumentation, sondern durch Beziehung. Vertrauen ist dabei keine Einbahnstrasse. Es entsteht nicht, weil der Vermittler perfekt ist. Es entsteht, weil er menschlich ist.

Weil er in seiner eigenen Unsicherheit präsent bleibt. Weil er Fehler eingestehen kann, ohne seine Autorität zu verlieren. Weil er nicht vorgibt, alles zu wissen, sondern den Mut hat, Fragen offen zu lassen, Unsicherheit auszuhalten, Prozesse gemeinsam mit den Beteiligten zu gestalten. Diese Form von Vertrauen ist tief. Sie geht über persönliche Sympathie hinaus. Sie wurzelt in der Erfahrung, dass der Vermittler den Raum nicht für sich beansprucht, sondern für die Beteiligten öffnet. Dass er seine eigene Macht achtsam einsetzt. Dass er nicht Ergebnisse erzwingt, sondern Entwicklungen ermöglicht.

Und dieses Vertrauen ist es, das die Tür zu echten Lösungen öffnet. Lösungen, die nicht nur taktische Kompromisse sind, sondern neue Wirklichkeiten schaffen. Lösungen, die nicht durch äusseren Druck entstehen, sondern durch innere Bewegung. Lösungen, die nicht bloss die Oberfläche verändern, sondern das Feld, in dem Beziehung und Zusammenarbeit möglich werden.

In einer Welt, in der Misstrauen wächst, in der Systeme sich immer stärker abschotten, in der Beziehungen oft taktisch, oft strategisch, oft funktional werden, wird die Kunst, Vertrauen aufzubauen und zu halten, zur radikalsten Form von Wirksamkeit. Vermittlung wird in diesem Kontext zu einer Kulturtechnik des Überlebens. Zu einer Kulturtechnik des Gelingens in einer Welt, die zu zerfallen droht an ihren eigenen Ängsten.

Und der Vermittler, der Vertrauen nicht als Nebeneffekt, sondern als Zentrum seiner Arbeit versteht, wird zum Architekten neuer Möglichkeitsräume. Er wird zum Hüter jener stillen Kraft, ohne die Verständigung nicht möglich ist. Er wird zum Ermöglicher jener Prozesse, in denen nicht nur Vereinbarungen getroffen, sondern Beziehungen erneuert werden. Nicht nur Interessen abgeglichen, sondern Identitäten entwickelt werden. Nicht nur Konflikte bearbeitet, sondern neue Zukunftsbilder erschaffen werden. Vertrauen ist keine Ressource, die beliebig verfügbar ist. Sie ist kostbar. Sie ist zerbrechlich. Sie muss gepflegt werden, geschützt werden, genährt werden. Sie muss in jedem Moment neu verdient werden. Der Vermittler lebt diese Verantwortung. Er lebt sie nicht als Last, sondern als Privileg. Als stille Berufung, als innere Verpflichtung, als tiefes Versprechen an die Prozesse, die er begleitet. Und so wird Vertrauen zum Herzschlag jeder Vermittlung, die diesen Namen verdient.

Vertrauen, einmal verloren, lässt sich nicht einfach reparieren. Es ist wie ein feines Gewebe, das, wenn einmal zerrissen, niemals wieder völlig in seinen ursprünglichen Zustand zurückkehrt. Der Vermittler weiss um diese Zerbrechlichkeit. Er weiss, dass jede Unachtsamkeit, jedes übergriffige Wort, jede unausgesprochene Manipulation, jedes übertriebene Versprechen wie ein feiner Riss wirkt, der das Gewebe der Beziehung schwächen kann. Deshalb arbeitet er mit einer Achtsamkeit, die nicht künstlich, sondern natürlich ist, weil sie aus der tiefen Einsicht erwächst, dass seine grösste Kompetenz nicht sein Wissen ist, nicht seine Technik, sondern die Integrität seiner Beziehung zu den Prozessen und den Menschen, die er begleitet.

In dieser Integrität liegt die stille Kraft des Vertrauens. Integrität bedeutet, im Einklang mit den eigenen Werten zu handeln, auch wenn der Druck steigt. Integrität bedeutet, offen zu bleiben, auch wenn Angriff droht. Integrität bedeutet, transparent zu sein, auch wenn es verlockend wäre, Prozesse zu steuern. Integrität bedeutet, die eigene Rolle als Hüter des Raums zu leben, nicht als heimlicher Dirigent eines gewünschten Ergebnisses. Diese Form von Integrität ist spürbar. Sie schafft eine Atmosphäre, in der Misstrauen weichen kann, in der Menschen den Mut finden, sich zu zeigen, sich zu öffnen, sich auf neue Wege einzulassen. Sie schafft einen Raum, in dem Differenzen nicht mehr als Bedrohung erlebt werden müssen, sondern als Vielfalt, die getragen werden kann. Sie schafft ein Feld, in dem Wandel nicht erzwungen wird, sondern wachsen darf. Vertrauen wächst aus der Erfahrung von Kohärenz. Wenn das, was gesagt wird, und das, was getan wird, übereinstimmen. Wenn der Vermittler nicht nur die Regeln des Dialogs benennt, sondern sie selbst verkörpert. Wenn er nicht nur Achtsamkeit fordert, sondern sie lebt. Wenn er nicht nur Verständnis einfordert, sondern selbst mit Verständnis auf Spannungen reagiert. Diese gelebte Kohärenz schafft Glaubwürdigkeit. Und Glaubwürdigkeit ist die Basis, auf der Vertrauen wachsen kann. In der Tiefe bedeutet Vertrauen auch, dass der Vermittler in seinem eigenen Inneren Klarheit gefunden hat. Klarheit über seine Absichten. Klarheit über seine Grenzen. Klarheit über seine Ängste. Denn Vertrauen wird nicht nur in Worten gebaut. Es wird in der unausgesprochenen Energie der Begegnung erfahrbar. In der inneren Stabilität, die spürbar wird, wenn ein Mensch nicht mehr kämpfen muss, nicht mehr manipulieren muss, nicht mehr kontrollieren muss, um zu wirken. Diese innere Stabilität ist keine Starrheit. Sie ist Beweglichkeit aus der Mitte heraus. Sie erlaubt es dem Vermittler, sich auf die Dynamiken des Prozesses einzulassen, ohne sich zu verlieren. Sie erlaubt es ihm, flexibel zu reagieren, ohne seine Haltung aufzugeben. Sie erlaubt es ihm, sich berühren zu lassen, ohne von den Wellen der Emotionen mitgerissen zu werden. Vertrauen ist immer auch Risiko. Wer vertraut, öffnet sich. Wer vertraut, gibt ein Stück Kontrolle ab. Wer vertraut, geht die Gefahr ein, enttäuscht zu werden. Der Vermittler weiss, dass er dieses Risiko nicht eliminieren kann. Er kann es nur bewusst gestalten. Er kann Bedingungen schaffen, unter denen dieses Risiko tragbar wird. Unter denen Enttäuschungen nicht zur Vernichtung des Vertrauens führen, sondern zu einer tieferen, realistischeren, tragfähigeren Form von Beziehung. Diese Gestaltung geschieht nicht durch Garantien. Sie geschieht durch Präsenz. Durch die Fähigkeit, auch in schwierigen Momenten dazubleiben. Durch die Fähigkeit, Fehler anzuerkennen, ohne Schuldzuweisungen. Durch die Fähigkeit, Spannungen zu halten, ohne sie eskalieren zu lassen. Und durch die Fähigkeit, immer wieder neu in Beziehung zu treten, auch wenn Brüche geschehen sind. Vertrauen ist kein Zustand, den man einmal erreicht und dann besitzt. Es ist ein Prozess, der immer wieder neu gestaltet werden muss. Ein Prozess, der in jedem Moment gefährdet ist – und in jedem Moment neu gestärkt werden kann. Der Vermittler lebt in diesem Bewusstsein. Er ruht nicht auf vergangenem Vertrauen aus. Er weiss, dass jedes neue Gespräch, jede neue Intervention, jede neue Begegnung eine neue Gelegenheit ist, Vertrauen zu stärken – oder zu verlieren.

Und genau in dieser Wachheit, in dieser Demut, in dieser beständigen Achtsamkeit liegt die stille Meisterschaft der Vermittlung.

Vertrauen ist nicht nur die Grundlage von Vermittlung. Es ist ihr Ziel. Denn Vermittlung ist nicht abgeschlossen, wenn ein Vertrag unterschrieben ist, wenn ein Deal perfekt ist, wenn eine Entscheidung gefällt ist. Vermittlung ist abgeschlossen, wenn in einem System neues Vertrauen gewachsen ist. Vertrauen, das auch zukünftige Spannungen tragen kann. Vertrauen, das neue Konflikte nicht sofort eskalieren lässt. Vertrauen, das Zusammenarbeit, Entwicklung, gemeinsames Gestalten möglich macht.

In diesem Sinne wird Vermittlung zu einem tiefen Dienst am Leben selbst. Zu einem Dienst an der Fähigkeit von Systemen, sich selbst zu erneuern. An der Fähigkeit von Menschen, sich trotz aller Unterschiede zu begegnen. An der Fähigkeit von Gemeinschaften, Zukunft zu gestalten, nicht durch Verdrängung von Konflikt, sondern durch bewusste, tragfähige, resiliente Beziehung.

Und so ist Vertrauen mehr als die Voraussetzung für Vermittlung. Es ist ihr Geschenk.

Notizen:

Notizen:

Kapitel 17. Vermittlung und Macht – Warum echte Lösungen nicht ohne Einfluss entstehen

Macht ist ein Wort, das viele ängstigt. Es ruft Bilder hervor von Unterdrückung, von Herrschaft, von Manipulation. Es wird oft als Gegensatz zu Verständigung verstanden, als Feind echter Begegnung, als Störung des freien Dialogs. Und doch ist Macht unausweichlich. Sie ist Teil jeder menschlichen Interaktion, ob bewusst oder unbewusst, sichtbar oder verborgen. Sie bestimmt, wer gehört wird und wer überhört bleibt, wer den Rahmen der Debatte setzt und wer sich innerhalb fremder Regeln bewegen muss. Sie prägt nicht nur die Strukturen von Organisationen, sondern die feinen Nuancen jeder Beziehung. Der Vermittler weiss um diese Macht. Er ignoriert sie nicht. Er romantisiert sie nicht. Er gestaltet sie. Denn Vermittlung ist nicht der Versuch, Macht zu eliminieren. Es ist der Versuch, Macht bewusst zu machen, sie zu transformieren, sie in den Dienst echter Lösungen zu stellen. Lösungen entstehen nicht im luftleeren Raum reiner Gleichheit. Sie entstehen in Prozessen, in denen Macht nicht verleugnet, sondern gestaltet wird. In denen Einfluss nicht manipulativ ausgeübt, sondern verantwortlich getragen wird. In denen Führung nicht dominierend, sondern ermöglichend wirkt. Der Vermittler ist selbst Teil dieser Dynamik. Schon seine blosse Anwesenheit verändert das Machtgefüge eines Systems. Er wird als Autorität wahrgenommen, als Instanz, als Beobachter, als Begleiter. Diese Rolle verleiht ihm Einfluss, ob er will oder nicht. Seine Kunst besteht darin, diesen Einfluss nicht zu leugnen, sondern bewusst und verantwortlich einzusetzen. Er nutzt seine Macht nicht, um Ergebnisse zu diktieren, sondern um Räume zu öffnen. Nicht um Interessen durchzusetzen, sondern um neue Perspektiven möglich zu machen. Nicht um zu herrschen, sondern um zu ermöglichen. Diese bewusste Gestaltung von Macht beginnt bei der inneren Haltung des Vermittlers. Er muss sich seiner eigenen Bedürfnisse nach Einfluss, nach Kontrolle, nach Anerkennung bewusst sein. Er muss seine eigenen blinden Flecken erkennen, seine eigenen Versuchungen reflektieren, seine eigene Machtlust in den Dienst der Prozesse stellen, die er begleitet. Nur wer die eigene Macht bewusst trägt, kann Macht im System bewusst gestalten.

Macht ist nicht per se destruktiv. Sie ist die Fähigkeit, Wirklichkeit zu gestalten. Ohne Macht bleibt alles beim Alten. Ohne Macht entstehen keine neuen Räume, keine neuen Beziehungen, keine neuen Lösungen. Die Frage ist nicht, ob Macht ausgeübt wird, sondern wie. Ob sie offen oder versteckt wirkt. Ob sie verantwortungsvoll oder eigennützig gestaltet wird. Ob sie Räume öffnet oder verschliesst. Ob sie Entwicklung ermöglicht oder verhindert.

Der Vermittler nutzt seine Macht, indem er Einfluss auf die Qualität der Beziehung nimmt. Indem er Prozesse so gestaltet, dass Beteiligte sich zeigen können, ohne Angst. Indem er Gesprächsräume schafft, in denen Unterschiede nicht zu Fronten werden, sondern zu Quellen neuer Einsichten. Indem er Spannungen hält, ohne sie zu eskalieren. Indem er Resonanz ermöglicht, wo Abwehr droht.

Seine grösste Macht liegt nicht im Überzeugen, sondern im Öffnen. Nicht im Durchsetzen, sondern im Gestalten. Nicht im Beherrschen, sondern im Ermöglichen. Er nutzt seine Position, um die Positionen der Beteiligten zu würdigen, um ihnen zu helfen, ihre Interessen klarer zu erkennen, ihre Bedürfnisse präziser zu benennen, ihre Handlungsmöglichkeiten zu erweitern. Diese Form von Einfluss ist subtil. Sie zeigt sich nicht in lauten Gesten oder dramatischen Interventionen. Sie zeigt sich in der stillen Präsenz, in der präzisen Frage, im achtsamen Spiegeln, in der bewussten Rahmung von Prozessen. Der Vermittler arbeitet weniger an den Inhalten als an den Bedingungen der Verständigung. Er gestaltet weniger die Lösungen als den Raum, in dem Lösungen entstehen können. Und genau darin liegt seine grösste Macht: in der Fähigkeit, Möglichkeitsräume zu schaffen, in denen Systeme sich selbst neu erfinden können. In der Fähigkeit, Differenzen nicht zu schlichten, sondern fruchtbar zu machen. In der Fähigkeit, Unsicherheiten nicht zu verdrängen, sondern zu gestalten.

Macht wird in dieser Perspektive zu einer schöpferischen Kraft. Zu einer Kraft, die nicht zerstört, sondern aufbaut. Nicht unterwirft, sondern befreit. Nicht einschränkt, sondern erweitert. Der Vermittler, der Macht in diesem Sinne versteht und lebt, wird zum Ermöglicher echter Lösungen. Zu einem Gestalter neuer Realitäten.

Und er weiss, dass diese Macht nicht absolut ist. Sie ist immer begrenzt durch das System, in dem er wirkt. Durch die Bereitschaft der Beteiligten. Durch die Dynamiken von Angst und Vertrauen. Er weiss, dass seine grösste Macht in der Akzeptanz seiner Grenzen liegt. In der Demut, nicht alles kontrollieren zu können. In der Geduld, Prozesse reifen zu lassen, anstatt sie zu erzwingen.

Vermittlung wird damit zu einer Form bewusster Machtausübung im Dienst der Verständigung. Zu einer Kunst, Einfluss so zu gestalten, dass er Räume öffnet, nicht verschliesst. Beziehungen stärkt, nicht instrumentalisiert. Systeme entwickelt, nicht manipuliert.

In einer Zeit, in der Misstrauen wächst und Machtkämpfe oft den Diskurs dominieren, wird diese Form von Vermittlung zur Überlebenskompetenz für Systeme aller Art. Nur wo Macht bewusst gestaltet wird, können Spannungen produktiv werden. Nur wo

Einfluss verantwortlich getragen wird, können neue Lösungen entstehen. Nur wo Führung nicht auf Kontrolle, sondern auf Resonanz zielt, können Systeme lebendig bleiben. Der Vermittler, der diese Kunst beherrscht, wird zum leisen Architekten einer neuen Kultur des Zusammenwirkens. Einer Kultur, in der Macht nicht länger tabuisiert oder verherrlicht wird, sondern bewusst, verantwortlich und schöpferisch gestaltet.

Und so wird Vermittlung nicht zum Gegensatz von Macht, sondern zu ihrer höchsten Form.

Macht bewusst zu gestalten, heisst auch, die Schattenseiten von Macht zu erkennen. Macht verführt. Sie verlockt dazu, Einfluss nicht nur zum Ermöglichen, sondern zum Steuern, zum Manipulieren, zum Durchsetzen eigener Vorstellungen zu nutzen. Der Vermittler, der diese Gefahr nicht sieht, wird ihr erliegen. Vielleicht nicht laut und sichtbar, sondern schleichend, subtil, kaum merklich. Jede bewusste oder unbewusste Nutzung von Macht, um Prozesse in eine gewünschte Richtung zu lenken, beschädigt das Vertrauen, das seine eigentliche Quelle der Wirksamkeit ist. Jede subtile Beeinflussung untergräbt die Eigenständigkeit der Systeme, die sich eigentlich selbst entwickeln sollen.

Deshalb verlangt die Arbeit mit Macht höchste innere Disziplin. Der Vermittler muss sich immer wieder selbst befragen: Wessen Interessen dienen meine Interventionen? Wessen Stimme verstärke ich, wessen Stimme schwäche ich? Diene ich dem Prozess oder meinen eigenen Bedürfnissen nach Erfolg, nach Anerkennung, nach Kontrolle? Bin ich wirklich im Dienst der Verständigung, oder will ich insgeheim steuern, formen, gestalten im Sinne meiner eigenen Werte und Ziele? Diese Fragen sind unbequem. Aber sie sind notwendig. Ohne diese beständige Selbstbefragung wird Macht schnell toxisch, selbst wenn sie aus den besten Absichten heraus eingesetzt wird. Selbst gute Ziele rechtfertigen nicht die subtile Manipulation der Prozesse, die der Vermittler eigentlich ermöglichen soll. In dieser Disziplin wächst die eigentliche Autorität des Vermittlers. Eine Autorität, die nicht auf Machtpositionen oder Rollenzuschreibungen beruht, sondern auf der gelebten Integrität im Umgang mit Macht. Eine Autorität, die spürbar wird, weil sie auf Freiheit basiert, nicht auf Kontrolle. Auf Einladung, nicht auf Druck. Auf Resonanz, nicht auf Steuerung.

Diese Form von Autorität ermöglicht es dem Vermittler, Spannungen zu halten, ohne sie zuzuspitzen. Unterschiede zu würdigen, ohne sie zu verwischen. Prozesse zu begleiten, ohne sie zu dominieren. Sie macht ihn zum Gestalter von Räumen, in denen echte Lösungen entstehen können – Lösungen, die aus der Kraft der Beteiligten selbst hervorgehen, nicht aus seiner Steuerung.

In einer Welt, in der Macht oft verdeckt ausgeübt wird, in der Einfluss subtil manipulativ gestaltet wird, in der Vertrauen immer schwerer zu gewinnen ist, wird diese Form bewusster, verantwortlicher Machtgestaltung zu einem Akt der kulturellen Erneuerung. Der Vermittler, der sich dieser Verantwortung stellt, wird zum lebendigen Gegenbild jener Machtlogik, die Systeme zerstört, indem sie sie in Angst und Kontrolle gefangen hält.

Er wird zum Zeugen einer anderen Möglichkeit: einer Möglichkeit, in der Macht nicht spaltet, sondern verbindet. In der Einfluss nicht entmündigt, sondern ermächtigt. In der Führung nicht unterwirft, sondern Räume für gemeinsame Entwicklung öffnet.

Und gerade in dieser anderen Form von Macht liegt das grösste Potenzial für Wandel. Systeme, die lernen, Macht bewusst und verantwortlich zu gestalten, entwickeln eine neue Fähigkeit zur

Selbststeuerung. Sie werden widerstandsfähiger gegenüber Krisen. Sie werden innovativer im Umgang mit Unsicherheit. Sie werden lebendiger in ihrer Fähigkeit, Unterschiedlichkeit nicht als Bedrohung, sondern als Ressource zu nutzen. Vermittlung wird in diesem Kontext zur Kunst der bewussten Machtgestaltung. Zur Kunst, Prozesse so zu rahmen, dass Macht nicht verdeckt und destruktiv wirkt, sondern sichtbar und schöpferisch gestaltet werden kann. Zur Kunst, Einfluss nicht zu fürchten, sondern ihn verantwortlich in den Dienst von Entwicklung und Verständigung zu stellen. Diese Kunst verlangt Mut. Mut, eigene Einflussmöglichkeiten offen zu sehen. Mut, eigene Machtbedürfnisse ehrlich zu reflektieren. Mut, Räume zu öffnen, deren Ergebnisse nicht kontrolliert werden können. Mut, Prozesse zu begleiten, deren Ausgang offen bleibt. Und dieser Mut wird belohnt. Er wird belohnt mit Prozessen, die tiefer gehen als taktische Vereinbarungen. Mit Lösungen, die tragfähiger sind als verordnete Kompromisse. Mit Beziehungen, die belastbarer sind als formale Einigungen. Mit Entwicklungen, die nachhaltiger sind als schnelle Erfolge.

Der Vermittler, der diese Kunst lebt, wird nicht immer sichtbare Erfolge feiern können. Seine Arbeit bleibt oft im Hintergrund. Seine grösste Wirksamkeit zeigt sich in dem, was andere möglich machen – nicht in dem, was er selbst gestaltet. Aber genau darin liegt seine stille Grösse: in der Fähigkeit, Macht so zu gestalten, dass sie Räume öffnet, nicht besetzt. Möglichkeiten schafft, nicht zerstört. Zukunft ermöglicht, nicht blockiert. Macht und Vermittlung sind keine Gegensätze. Sie sind zwei Seiten derselben Wirklichkeit. Vermittlung ohne Macht ist naiv. Macht ohne Vermittlung ist zerstörerisch. Erst in der bewussten, verantwortlichen Gestaltung von Macht wird Vermittlung zu einer Kraft, die Systeme nicht nur verändert, sondern sie in ihrer Fähigkeit zur

Selbstveränderung stärkt. Und so wird Vermittlung zu einer leisen Revolution: einer Revolution, die nicht auf Umsturz setzt, sondern auf Bewusstwerdung. Nicht auf Gewalt, sondern auf Beziehung. Nicht auf Sieg, sondern auf gemeinsame Entwicklung.

In dieser Revolution wird der Vermittler zum stillen Architekten einer neuen Form von Zusammenleben: einem Zusammenleben, das Macht nicht fürchtet, sondern gestaltet. Einem Zusammenleben, das Unterschiede nicht unterdrückt, sondern fruchtbar macht. Einem Zusammenleben, das Konflikte nicht vermeidet, sondern nutzt, um gemeinsam neue Räume zu erschliessen. Eine Zukunft, in der Macht nicht länger ein Mittel der Unterdrückung ist, sondern eine Kraft der Ermöglichung.

Notizen:

Notizen:

Kapitel 18. Vermittlung in der Krise – Wie in Extremsituationen Verständigung möglich bleibt

Krisen sind Momente verdichteter Wirklichkeit. In ihnen treten die Grunddynamiken eines Systems schärfer hervor als in Zeiten scheinbarer Stabilität. Die Muster der Kommunikation werden schneller, härter, unmittelbarer. Emotionen treten offener zutage. Machtverhältnisse verschieben sich abrupt. Gewissheiten zerbrechen, und der Raum für Gestaltung scheint sich dramatisch zu verengen. In diesen Momenten wird Vermittlung zur vielleicht schwierigsten, aber auch wichtigsten Aufgabe. Denn gerade wenn Systeme ins Wanken geraten, wenn die Angst wächst, wenn die Orientierung schwindet, braucht es Räume, in denen Verständigung möglich bleibt. Räume, in denen trotz aller Dramatik, trotz aller Unsicherheit, trotz aller Emotion die Möglichkeit erhalten bleibt, sich zu begegnen, sich zu hören, sich gemeinsam neu zu orientieren. Krisen verändern die Bedingungen der Vermittlung radikal. Was unter normalen Umständen getragen hätte, bricht plötzlich weg. Zeitdruck, Bedrohungserleben, Verlustängste, Schuldzuweisungen und Polarisierung prägen das Feld. Die Versuchung, in alte Muster von Kampf oder Flucht zu verfallen, wird übermächtig. Und doch liegt gerade hier die entscheidende Chance: denn in der Krise wird sichtbar, was im Verborgenen wirkte. In der Krise werden die eigentlichen Themen, die eigentlichen Blockaden, die eigentlichen Möglichkeiten offengelegt. Wer in der Krise vermitteln kann, wirkt nicht nur kurzfristig. Er wirkt an den Wurzeln der Systeme. Der Vermittler in der Krise muss sich seiner Rolle besonders bewusst sein. Er wird nicht der Retter sein. Er wird nicht die Kontrolle zurückholen können, die das System verloren hat. Aber er kann den Raum halten. Den Raum, in dem

Angst sich zeigen darf, ohne zu eskalieren. Den Raum, in dem Sprachlosigkeit in erste zaghafte Worte übersetzt werden kann. Den Raum, in dem Brüche benannt werden können, ohne dass sie weiter reissen. Den Raum, in dem das, was auseinanderzufallen droht, neu in Beziehung treten kann.

Diese Form der Vermittlung verlangt eine besondere innere Stabilität. Der Vermittler muss in sich selbst verankert sein, während um ihn herum Sicherheiten zerbrechen. Er muss seine eigene Angst erkennen und integrieren können, damit er nicht unbewusst Teil der Eskalation wird. Er muss seine eigenen Muster von Flucht oder Kampf durchschaut haben, damit er den Raum für andere offenhalten kann. Und er muss bereit sein, Prozesse zu begleiten, deren Ausgang ungewiss ist, deren Verlauf chaotisch sein kann, deren Ergebnis er nicht kontrollieren kann.

In der Krise geht es oft nicht zuerst darum, Lösungen zu finden. Es geht darum, wieder Beziehung herzustellen. Wieder Kontakt aufzunehmen, wo Abbruch droht. Wieder einen gemeinsamen Boden zu finden, auf dem überhaupt gesprochen, gehört, gesehen werden kann. Der Vermittler weiss, dass Verständigung nicht durch Argumente entsteht, sondern durch das Erleben von Resonanz. Dass Orientierung nicht durch Informationen entsteht, sondern durch das Gefühl, nicht allein zu sein. Dass Wandel nicht durch Zwang entsteht, sondern durch das Entstehen neuer innerer Räume. Er arbeitet deshalb zuerst an der Wiederherstellung der Resonanz. Er hört, auch wenn die Worte hart sind. Er bleibt präsent, auch wenn der Raum von Spannung vibriert. Er hält Stille aus, auch wenn das Bedürfnis nach schnellen Antworten wächst. Er spiegelt, was er wahrnimmt, ohne zu interpretieren, ohne zu bewerten. Er schafft kleine Brücken: ein Nicken, ein ruhiges Atmen, ein vorsichtiges In-die-Augen-Schauen. Zeichen, dass

Verbindung möglich bleibt, auch wenn die Inhalte noch trennen. In diesen Momenten wird Vermittlung zur Kunst des Minimalismus. Kleine Gesten werden mächtig. Kurze Sätze tragen Welten. Ein Moment echter Begegnung wiegt schwerer als hundert kluge Argumente. Der Vermittler weiss, dass er nicht auflösen muss, was sich verhärtet hat. Er muss nur Raum schaffen, damit Bewegung wieder möglich wird. Krisen bringen Systeme an ihre Grenzen. Sie machen sichtbar, was getragen hat – und was nur Anschein war. In dieser Offenheit liegt eine ungeheure Chance. Muster, die sich über Jahre verfestigt hatten, können sich in der Krise in Stunden verändern. Systeme, die sich scheinbar nie bewegen würden, öffnen sich unter dem Druck der Wirklichkeit für neue Wege. Beziehungen, die erstarrt waren, können sich in einem einzigen Moment echter Begegnung neu formen.

Aber diese Chance zu nutzen verlangt eine Vermittlung, die tiefer geht als Technik. Die bereit ist, mit Unsicherheit zu leben. Die fähig ist, Komplexität auszuhalten. Die den Mut hat, Prozesse zu begleiten, deren Ausgang offen bleibt. Und die die Demut besitzt, sich selbst nicht zum Helden der Veränderung zu machen.

Der Vermittler weiss: er kann die Krise nicht lösen. Er kann nur Räume schaffen, in denen Lösungen entstehen können. Er kann nicht verhindern, dass Systeme leiden, dass Beziehungen zerbrechen, dass Strukturen scheitern. Aber er kann verhindern, dass im Leiden die Fähigkeit zur Begegnung verloren geht. Dass im Zerbrechen die Möglichkeit zur Erneuerung übersehen wird. Dass im Scheitern die Saat neuer Wege nicht erkannt wird. In diesem Sinne ist Vermittlung in der Krise eine Arbeit am Möglichkeitsraum selbst. Eine Arbeit, die nicht an der Oberfläche der Probleme bleibt, sondern an der Tiefe der Beziehungen, an der Wurzel der Systeme ansetzt. Eine Arbeit, die nicht schnelle Ergebnisse verspricht, sondern stille Bedingungen schafft, unter denen echte Transformation möglich wird. Der Vermittler in der Krise arbeitet im Wissen, dass sein grösster Beitrag oft unsichtbar bleibt. Dass seine Wirksamkeit sich weniger in den sichtbaren Erfolgen zeigt, als in der Art, wie Prozesse möglich bleiben. In der Tiefe, die erhalten bleibt, wo Oberflächen zerbrechen. In der Resonanz, die weiterklingt, auch wenn Worte verstummen.

Und so wird Vermittlung in der Krise nicht zur Technik der Problemlösung. Sie wird zur Kunst, Beziehung offen zu halten, wenn alles andere in Gefahr ist, auseinanderzufallen.

Krisen decken auf, was unter normalen Umständen verborgen bleibt. Sie bringen nicht nur Spannungen an die Oberfläche, sondern auch Ressourcen, die sonst im Verborgenen schlummerten. Mut, der aus der existenziellen Dringlichkeit wächst. Kreativität, die in der Not neue Wege findet. Solidarität, die aus der Erfahrung gemeinsamer Bedrohung entsteht. Der Vermittler sieht diese verborgenen Kräfte. Er arbeitet nicht nur mit den Ängsten, sondern auch mit den Hoffnungen, nicht nur mit den Brüchen, sondern auch mit der stillen Bereitschaft zum Neuanfang, die oft gerade dann wächst, wenn alte Sicherheiten zerbrechen.

Er achtet auf die feinen Regungen im System, auf die kleinen Zeichen von Verbundenheit, die sich durch den Lärm der Anklagen hindurch andeuten. Auf den Moment, in dem ein Blick weich wird. Auf das Zögern vor einer Antwort, das mehr sagt als jedes gesprochene Wort. Auf die stille Sehnsucht nach Verbindung, die sich hinter den lauten Verteidigungen verbirgt. Der Vermittler macht diese Bewegungen nicht grösser als sie sind. Er dramatisiert sie nicht. Aber er würdigt sie. Er gibt ihnen Raum. Er hilft, sie bewusst zu machen, damit sie wachsen können. In der Krise wird

Vermittlung zu einer Arbeit an den inneren Bewegungen der Systeme. Nicht an der Oberfläche der Forderungen und Positionen, sondern an den tieferen Schichten der Bedürfnisse, der Ängste, der Sehnsüchte. Der Vermittler weiss: Lösungen, die diese Schichten ignorieren, bleiben brüchig. Vereinbarungen, die auf Angst oder Erschöpfung beruhen, zerfallen, sobald der Druck nachlässt. Nur Lösungen, die aus einer echten inneren Bewegung heraus entstehen, tragen die Kraft, auch über die Krise hinaus Bestand zu haben. Deshalb arbeitet der Vermittler an der Beziehung zum Unaussprechlichen. Er schafft Räume, in denen Schmerz geäussert werden kann, ohne dass er zur Waffe wird. In denen Trauer Raum findet, ohne dass sie in Lähmung kippt. In denen Schuldgefühle angesprochen werden können, ohne dass sie in Schuldzuweisungen münden. In denen Sehnsüchte sichtbar werden dürfen, auch wenn sie noch nicht erfüllt werden können.

Diese Arbeit verlangt Mut. Mut, mit Emotionen zu arbeiten, die nicht kontrollierbar sind. Mut, Spannungen auszuhalten, die keine schnellen Auflösungen erlauben. Mut, der Unsicherheit Raum zu geben, ohne in Panik zu verfallen. Mut, Prozesse zu begleiten, deren Ende nicht absehbar ist.

Und sie verlangt ein tiefes Vertrauen. Vertrauen in die Fähigkeit der Systeme, sich selbst neu zu organisieren. Vertrauen in die Kraft von Beziehungen, auch wenn sie durch Misstrauen und Verletzungen erschüttert wurden. Vertrauen in die Möglichkeit von Wandel, selbst wenn der Boden, auf dem Wandel wachsen könnte, karg und ausgedörrt erscheint. Dieses Vertrauen ist keine naive Hoffnung. Es ist eine Entscheidung. Eine Entscheidung, die immer wieder neu getroffen werden muss. Eine Entscheidung, in jedem Gespräch, in jedem Moment, in jeder Begegnung. Der Vermittler entscheidet sich, den Möglichkeitsraum offen zu halten.

Selbst wenn alles danach aussieht, als würde er sich schliessen. Selbst wenn die Stimmen der Angst, der Wut, des Rückzugs lauter sind als die leisen Stimmen der Hoffnung. Und genau dadurch wirkt er. Nicht indem er kontrolliert oder steuert. Sondern indem er bleibt. Indem er präsent bleibt, auch wenn Beziehung schwierig wird. Indem er offen bleibt, auch wenn Worte hart werden. Indem er verbunden bleibt, auch wenn Systeme auseinanderzubrechen drohen. In der Krise wird Vermittlung so zu einer Arbeit an der inneren Architektur der Systeme. Eine Arbeit, die nicht die Symptome bekämpft, sondern die Grundlagen erneuert. Eine Arbeit, die nicht schnelle Lösungen produziert, sondern neue Möglichkeiten erschliesst. Und manchmal geschieht Wandel genau in dem Moment, in dem niemand mehr damit rechnet. In einem stillen Moment. In einer kleinen Geste. In einem unerwarteten Wort. In einem plötzlichen Erkennen, dass der andere kein Feind ist, sondern ein Mensch. Dass die eigene Angst nicht die einzige Wahrheit ist. Dass eine andere Zukunft möglich ist.

Der Vermittler weiss, dass er diesen Moment nicht erzwingen kann. Aber er weiss, dass seine Arbeit ihn möglich machen kann. Indem er den Raum hält. Indem er die Bedingungen schafft. Indem er präsent bleibt. Indem er vertraut.

In einer Welt, in der Krisen häufiger, schneller und unvorhersehbarer werden, wird diese Form der Vermittlung zur unverzichtbaren Kompetenz. Systeme, die nur Kontrolle kennen, brechen unter der Last der Unsicherheit zusammen. Systeme, die Beziehung, Resonanz und Vertrauen kultivieren, können in der Krise wachsen, sich erneuern, neue Wege finden. Der Vermittler wird in dieser Welt nicht zum Retter. Er wird zum Hüter der Möglichkeit. Zum Hüter der Räume, in denen trotz allem Begegnung möglich bleibt. Zum Hüter der Wege, die auch im Dunkel sichtbar bleiben.

Zum Hüter der Zukunft, die in den kleinsten Bewegungen der Verständigung beginnt. Und so wird Vermittlung in der Krise zur vielleicht radikalsten Form politischer, sozialer und menschlicher Gestaltungskraft: nicht indem sie Kontrolle wiederherstellt, sondern indem sie Beziehung ermöglicht. Nicht indem sie Unsicherheit vertreibt, sondern indem sie sie gestaltet. Nicht indem sie die Vergangenheit verteidigt, sondern indem sie Räume für eine neue Zukunft öffnet. Eine Zukunft, die nicht trotz der Krisen entsteht. Sondern durch sie hindurch.

Notizen:

Notizen:

Kapitel 19. Unsichtbare Vermittlung – Wie stille Prozesse die grössten Veränderungen bewirken

Veränderung geschieht nicht immer im Licht der Öffentlichkeit. Sie vollzieht sich selten dort, wo Kameras blitzen, wo Entscheidungen verkündet, wo Verträge unterzeichnet werden. Die grössten Transformationen entstehen oft in der Stille. In Momenten, die niemand bemerkt, in Gesprächen, die niemand aufzeichnet, in inneren Bewegungen, die keine sichtbaren Spuren hinterlassen und doch alles verändern. Die wahre Kraft der Vermittlung liegt nicht in spektakulären Ergebnissen. Sie liegt in der stillen Arbeit an den unsichtbaren Fäden, die Beziehungen zusammenhalten, an den feinen Strömungen, die Systeme von innen heraus erneuern, an den unmerklichen Erschütterungen, die Identitäten verschieben und neue Räume des Möglichen öffnen.

Unsichtbare Vermittlung ist die höchste Form der Gestaltung. Sie erfordert eine besondere Art von Präsenz: eine Präsenz, die nicht auf Wirkung zielt, sondern auf Verbindung; eine Präsenz, die nicht das eigene Handeln ins Zentrum stellt, sondern den Prozess des Anderen ermöglicht; eine Präsenz, die nicht auf Anerkennung wartet, sondern in sich selbst ruht. Der Vermittler, der auf dieser Ebene wirkt, verschwindet hinter dem Prozess, den er begleitet. Er wird Teil des Feldes, Teil der Bewegung, Teil des werdenden Neuen.

In der stillen Vermittlung arbeitet der Vermittler nicht mit Worten, sondern mit Atmosphären. Nicht mit Argumenten, sondern mit Feldern. Nicht mit Anweisungen, sondern mit Einladungen. Er spürt, wo Energie fliesst und wo sie stockt. Er hört, was gesagt wird, und was nicht gesagt werden kann. Er achtet auf das Zittern in der Stimme, auf die Härte im Blick, auf das Zögern in der Geste. Er liest das System nicht als Text, sondern als lebendiges Gewebe aus Beziehungen, Emotionen, Geschichten und Hoffnungen.

Unsichtbare Vermittlung bedeutet, sich auf das Langsame einzulassen. Auf das Reifende, das nicht beschleunigt werden kann. Auf die inneren Prozesse, die jenseits von Rationalität und Planung verlaufen. Auf das stille Reifen neuer Bilder, neuer Beziehungen, neuer Möglichkeiten, die lange unter der Oberfläche wachsen, bevor sie sichtbar werden. Der Vermittler muss die Geduld aufbringen, diese langsame Bewegung zu begleiten, ohne sie zu drängen. Er muss die Demut besitzen, seine eigenen Bedürfnisse nach Erfolg, nach Sichtbarkeit, nach Anerkennung zurückzustellen und sich in den Dienst des Prozesses zu stellen, der seine eigene Zeit, seine eigene Logik, seinen eigenen Rhythmus hat.

In dieser Arbeit werden Worte sparsam. Jeder Satz muss gewählt werden. Jede Intervention muss getragen sein von Achtsamkeit, von Respekt, von einem tiefen Hören auf das, was im Entstehen begriffen ist. Der Vermittler spricht nicht, um zu überzeugen. Er spricht, um zu öffnen. Um Räume zu schaffen, in denen etwas gesagt werden kann, das bisher unaussprechlich war. Um Bewegungen zu ermöglichen, die bisher blockiert waren. Um Begegnungen zu fördern, die bisher unmöglich schienen.

Unsichtbare Vermittlung verlangt eine besondere Art von Mut. Mut, unsichtbar zu bleiben. Mut, Prozesse zu begleiten, deren Erfolge anderen zugeschrieben werden. Mut, Räume zu öffnen, ohne sie zu besitzen. Mut, Bewegungen zu initiieren, deren Richtung und Ausgang offen bleiben. Mut, Samen zu säen, ohne zu wissen, ob und wann sie aufgehen. Und gerade in dieser Unsichtbarkeit liegt die grösste Kraft. Denn was sich in der Tiefe eines

Systems bewegt, bleibt auch dann wirksam, wenn äussere Strukturen sich wieder verfestigen. Was in den Beziehungen geheilt wird, trägt auch dann weiter, wenn äussere Rahmenbedingungen sich wieder verschlechtern. Was im Inneren der Menschen berührt wird, bleibt Teil ihrer Identität, Teil ihrer Geschichte, Teil ihrer Zukunft. Unsichtbare Vermittlung wirkt jenseits der Logik von Erfolg und Misserfolg. Sie misst sich nicht an Zahlen, nicht an Ergebnissen, nicht an Bewertungen. Sie misst sich an der Tiefe der Bewegung, die sie ermöglicht. An der Qualität der Beziehungen, die sie fördert. An der Resonanz, die sie im Innersten der Beteiligten weckt. In einer Welt, die immer schneller, lauter, oberflächlicher wird, ist diese Form der Vermittlung kostbarer denn je. Systeme, die nur auf sichtbare Erfolge setzen, verlieren ihre innere Beweglichkeit. Systeme, die nur auf schnelle Lösungen drängen, verlieren die Tiefe, die sie brauchen, um echte Transformation zu vollziehen. Systeme, die nur das Messbare anerkennen, verlieren den Zugang zu jenen unsichtbaren Prozessen, die ihre eigentliche Lebendigkeit ausmachen. Der Vermittler, der still wirken kann, bewahrt diese Lebendigkeit. Er schützt die inneren Räume der Systeme. Er hält die Unsichtbarkeit aus, in der echte Veränderung wächst. Er begleitet Prozesse, die langsamer sind als die Anforderungen der Aussenwelt, tiefer als die Logiken der Märkte, widersprüchlicher als die Erwartungen der Institutionen.

Diese stille Arbeit verlangt ein tiefes Vertrauen. Vertrauen in die Kraft des Wachsens. Vertrauen in die Intelligenz der Systeme. Vertrauen in die Möglichkeit des Neuen, auch wenn es noch nicht sichtbar ist. Vertrauen in die Beziehungen, auch wenn sie durch Konflikte erschüttert sind. Vertrauen in den Menschen, auch wenn Angst, Abwehr und Verhärtung den Weg versperren. Und dieses Vertrauen wird zur Grundlage einer Vermittlung, die nicht nur Prozesse gestaltet, sondern Wirklichkeiten verändert. Nicht durch spektakuläre Interventionen. Sondern durch stille, unaufdringliche, geduldige Begleitung. Durch das Halten von Räumen, das Ermöglichen von Begegnung, das Warten auf die Zeit des Reifens. Unsichtbare Vermittlung heisst auch, eigene Konzepte loszulassen. Nicht zu wissen, wie die Lösung aussehen muss. Nicht zu steuern, was entstehen soll. Sondern offen zu bleiben für das, was im Feld wachsen will. Für die Intelligenz des Systems. Für die Weisheit der Beziehung. Für die Kraft des Lebendigen, die in jedem Menschen, in jeder Organisation, in jeder Gemeinschaft wirkt. Und manchmal geschieht in dieser Offenheit das Unvorhergesehene: ein neues Vertrauen, das entsteht, wo alles zerbrochen schien. Ein neues Gespräch, das beginnt, wo Sprachlosigkeit herrschte. Eine neue Bewegung, die entsteht, wo Erstarrung dominierte. Nicht weil der Vermittler es geplant hat. Sondern weil er Raum geschaffen hat. Raum für das Mögliche. Raum für das Lebendige. Raum für das Neue.

Unsichtbare Vermittlung wird so zu einer Kunst des Lassens. Der Vermittler lässt Prozesse geschehen, ohne sie zu erzwingen. Er lässt Menschen wachsen, ohne sie zu formen. Er lässt Systeme sich neu erfinden, ohne sie zu manipulieren. Und gerade darin liegt seine grösste Wirksamkeit.

Denn die grössten Veränderungen geschehen nicht in den Momenten des grossen Lärms. Sie geschehen in der Stille. In den inneren Räumen, in denen Angst sich in Mut verwandelt. In denen Misstrauen sich in erste zaghaftes Vertrauen löst. In denen Sprachlosigkeit sich in das erste neue Wort übersetzt. Und der Vermittler, der diese stille Bewegung ermöglicht, wird zum unsichtbaren Architekten einer Zukunft, die nicht aus der Durchsetzung des Willens Einzelner entsteht, sondern aus dem stillen

Erwachen der Systeme selbst. Unsichtbare Vermittlung ist eine Arbeit an den unsichtbaren Fäden des Lebens selbst. Sie berührt das, was zwischen den Menschen entsteht und wieder vergeht, das, was sie verbindet, ohne dass sie es immer benennen können. Der Vermittler, der diese Arbeit tut, bewegt sich nicht auf der Bühne der grossen Worte, der öffentlichen Gesten, der sichtbaren Erfolge. Er bewegt sich im Zwischenraum. In jenem Raum, in dem die wirklichen Veränderungen geschehen, lange bevor sie eine Form annehmen, lange bevor sie als Ergebnisse gefeiert oder gemessen werden können. In diesem Zwischenraum werden nicht nur Beziehungen neu geknüpft. Hier verändert sich das Bild, das Menschen voneinander haben. Hier verwandeln sich die Geschichten, die sie über sich selbst und über die anderen erzählen. Hier entstehen neue Deutungen von Vergangenheit, neue Möglichkeiten für Zukunft. Nicht durch Überzeugung. Nicht durch Überredung. Sondern durch die stille Kraft der Begegnung, der Resonanz, der unaufdringlichen Offenheit. Der Vermittler versteht, dass diese Prozesse nicht gemacht werden können. Sie lassen sich nicht herbeizwingen. Sie folgen keiner linearen Logik. Sie gehorchen keiner äusseren Planung. Sie entfalten sich, wenn die Bedingungen stimmen: wenn Sicherheit spürbar wird, wenn Unterschiedlichkeit gehalten werden kann, wenn Verletzlichkeit möglich wird, ohne Angst vor Beschämung oder Zurückweisung.

Diese Bedingungen herzustellen, ist die eigentliche Kunst der Vermittlung. Nicht die Kontrolle der Prozesse. Nicht die Steuerung der Ergebnisse. Sondern die Gestaltung jener Räume, in denen das Lebendige wachsen kann. Räume, in denen die Angst schmelzen darf. In denen das Fremde nicht verteufelt, sondern erkundet wird. In denen Schmerz nicht ausgeblendet, sondern gehalten wird. In denen neue Bilder entstehen dürfen, weil die alten nicht mehr verteidigt werden müssen. Unsichtbare Vermittlung erfordert ein tiefes Wissen um die Dynamik von Veränderung. Veränderung beginnt nicht mit Entscheidungen. Sie beginnt mit Wahrnehmung. Mit dem leisen Erkennen, dass etwas nicht mehr stimmt. Mit der zaghaften Ahnung, dass es auch anders gehen könnte. Mit der ersten zarten Bewegung weg von der Erstarrung, hin zu einer neuen Offenheit. Diese Bewegungen sind oft kaum sichtbar. Sie zeigen sich in der Art, wie ein Satz endet. In der Art, wie ein Gespräch wieder aufgenommen wird, das längst verstummt war. In der Art, wie Blicke sich begegnen, ohne sofort wieder abzubrechen. Der Vermittler sieht diese Bewegungen. Er schützt sie. Er verstärkt sie nicht künstlich, aber er würdigt sie. Er gibt ihnen Raum, Nahrung, Schutz.

Denn Veränderung ist in ihren Anfängen verletzlich. Sie braucht Schutzräume. Räume, in denen Fehler erlaubt sind. In denen Unsicherheit nicht sofort bewertet wird. In denen Zweifel nicht sofort wegerklärt wird. Der Vermittler schafft diese Schutzräume nicht durch Programme, sondern durch seine Haltung. Durch seine Präsenz. Durch sein Sein. Diese stille Arbeit verlangt mehr Mut als jede laute Intervention. Es ist der Mut, nicht im Vordergrund zu stehen. Der Mut, nicht zu wissen. Der Mut, nicht zu kontrollieren. Der Mut, nicht sofort zu reagieren, sondern zu warten, zu hören, zu fühlen, was wirklich werden will.

Und sie verlangt eine tiefe Achtsamkeit gegenüber den Dynamiken der Macht. Unsichtbare Vermittlung heisst nicht, Macht zu ignorieren. Im Gegenteil: Sie bedeutet, Macht sichtbar zu machen, ohne sie zu entwerten. Zu spüren, wo Macht blockiert und wo sie Entwicklung ermöglicht. Zu arbeiten mit den feinen Kräften der Einflussnahme, ohne sie zu missbrauchen. In der stillen Vermittlung wird Macht zur Fähigkeit, Räume zu öffnen, nicht zu beherrschen. Zur Fähigkeit, Prozesse zu ermöglichen, nicht zu steuern. Zur Fähigkeit, Entwicklungen zu begleiten, nicht zu dirigieren. Diese Form von Macht ist so leise, dass sie kaum spürbar ist – und gerade deshalb so wirksam. Unsichtbare Vermittlung heisst auch, auf tiefer Ebene mit den Geschichten zu arbeiten, die Menschen über sich selbst und über andere erzählen. Geschichten sind nicht nur Erzählungen. Sie sind Identitäten. Sie sind Welten. Sie sind Wirklichkeiten. Wenn Vermittlung gelingt, dann nicht, weil die alten Geschichten einfach ersetzt werden, sondern weil sie sich wandeln dürfen. Weil neue Bedeutungen entstehen dürfen. Weil neue Perspektiven wachsen dürfen. Der Vermittler wird zum Begleiter dieses Wandels. Er kämpft nicht gegen die alten Geschichten an. Er zwingt keine neuen Geschichten auf. Er öffnet Räume, in denen Menschen selbst neue Deutungen finden können. Deutungen, die ihnen erlauben, sich selbst und die anderen anders zu sehen. Deutungen, die alte Verletzungen nicht auslöschen, aber in einen neuen Zusammenhang stellen. Deutungen, die eine neue Zukunft ermöglichen, ohne die Vergangenheit zu verleugnen. In dieser Arbeit geschieht wahre Transformation. Nicht durch äusseren Zwang. Nicht durch rationales Überzeugen. Sondern durch das stille Erwachen neuer Wirklichkeiten im Innersten der Menschen und Systeme.

Der Vermittler, der diese stille Arbeit tut, weiss, dass seine grössten Erfolge unsichtbar bleiben. Er wird sie nicht messen können. Er wird sie nicht verkünden können. Er wird sie manchmal nicht einmal sicher erkennen können. Aber er wird sie spüren: im leisen Aufatmen eines Raumes, der lange von Spannung erfüllt war. Im ersten Lächeln nach langer Sprachlosigkeit. Im leisen Mut, der wächst, wo Angst geherrscht hatte. Und er wird wissen: Es ist genug.

Notizen:

Kapitel 20. Persönlichkeit des Vermittlers – Warum Haltung wichtiger ist als Methode

Die Suche nach den besten Methoden hat die Welt der Vermittlung lange geprägt. Bücher wurden geschrieben, Seminare veranstaltet, Modelle entwickelt. Immer neue Techniken versprachen, Konflikte schneller zu lösen, Prozesse effizienter zu gestalten, Ergebnisse planbarer zu machen. Und doch liegt die Wahrheit jenseits dieser Techniken. Nicht die Methode entscheidet über die Tiefe und Nachhaltigkeit einer Vermittlung. Es ist die Persönlichkeit des Vermittlers, die das Gelingen oder Scheitern eines Prozesses bestimmt. Seine Haltung. Seine innere Klarheit. Seine Fähigkeit, einen Raum zu betreten und allein durch seine Präsenz eine Atmosphäre des Vertrauens, der Offenheit und der Möglichkeit zu schaffen. Methoden sind wichtig. Sie bieten Struktur. Sie schaffen Orientierung. Sie geben Werkzeuge an die Hand, die in schwierigen Situationen Halt bieten können. Aber sie sind nur so wirksam, wie die Haltung desjenigen, der sie anwendet, es erlaubt. Eine Technik, angewandt ohne Achtsamkeit, wird mechanisch, leer, wirkungslos. Eine Methode, eingesetzt ohne innere Klarheit, verliert ihre Tiefe, ihre Kraft, ihre transformierende Wirkung. Der Vermittler ist das eigentliche Instrument der Vermittlung. Seine Persönlichkeit ist das Medium, durch das Prozesse sich entfalten oder stagnieren, sich vertiefen oder verhärten, sich öffnen oder schliessen. Die Persönlichkeit des Vermittlers ist nicht die Summe seiner Eigenschaften. Sie ist nicht seine Schlagfertigkeit, nicht seine Eloquenz, nicht seine Intelligenz allein. Sie ist das Ergebnis eines inneren Prozesses. Einer Arbeit an sich selbst. Einer Bereitschaft, sich den eigenen Ängsten zu stellen, den eigenen Grenzen, den eigenen Schatten. Einer Fähigkeit, mit Unsicherheit zu leben, ohne sie zu bekämpfen. Einer inneren Gelassenheit, die auch in stürmischen Momenten Präsenz ermöglicht. Diese Persönlichkeit wächst nicht in Seminaren. Sie wächst in der Begegnung mit sich selbst. In der Auseinandersetzung mit den eigenen Verletzungen. In der geduldigen Arbeit am eigenen Vertrauen. In der Bereitschaft, immer wieder neu zu lernen, nicht aus Büchern allein, sondern aus der Erfahrung echter Begegnung.

Der Vermittler, der diese Arbeit an sich selbst tut, entwickelt eine Qualität der Präsenz, die nicht erlernt werden kann. Sie ist spürbar im Raum, bevor er spricht. Sie ist erfahrbar in seiner Art zu hören. Sie ist wirksam in seiner Fähigkeit, Spannungen zu halten, ohne sie zu verstärken. Sie ist sichtbar in seiner Bereitschaft, nicht zu wissen, nicht zu kontrollieren, nicht zu dominieren.

Diese Präsenz schafft Vertrauen. Nicht, weil sie Perfektion ausstrahlt. Sondern weil sie Echtheit vermittelt. Weil sie Verletzlichkeit zulassen kann. Weil sie zeigt, dass Unsicherheit nicht gefährlich ist, sondern ein Raum, in dem Neues entstehen kann. Weil sie vermittelt, dass Beziehung nicht auf Kontrolle beruht, sondern auf Resonanz. In der Haltung des Vermittlers spiegelt sich das, was im Prozess möglich wird. Wenn der Vermittler offen ist, wird Offenheit möglich. Wenn er urteilsfrei zuhört, können auch andere sich zeigen. Wenn er Spannungen hält, ohne sie zu eskalieren, entsteht ein Raum, in dem Unterschiedlichkeit tragfähig wird. Wenn er Vertrauen ausstrahlt, wird Vertrauen wachsen können. Diese innere Arbeit verlangt Mut. Mut, sich selbst zu begegnen, auch da, wo es schmerzt. Mut, Kontrolle loszulassen, auch da, wo Angst wächst. Mut, eigene Fehler zu erkennen, auch da, wo das Bedürfnis nach Selbstschutz stark ist. Mut, immer wieder neu zu lernen, immer wieder neu zu beginnen, immer wieder neu offen zu sein. Und sie verlangt eine tiefe Demut. Demut vor der Komplexität menschlicher Systeme. Demut vor der Eigenständigkeit der Prozesse, die sich entfalten. Demut vor der Begrenztheit der eigenen Möglichkeiten. Der Vermittler ist nicht der Macher des Prozesses. Er ist sein Hüter. Sein Begleiter. Sein stiller Architekt. In dieser Demut wächst seine wahre Kraft. Eine Kraft, die nicht auf Dominanz basiert, sondern auf Offenheit. Eine Kraft, die nicht kontrolliert, sondern ermöglicht. Eine Kraft, die nicht zwingt, sondern einlädt.

Methoden können Orientierung geben. Aber ohne diese innere Kraft bleiben sie leer. Ohne diese Haltung wirken sie mechanisch. Ohne diese Persönlichkeit verlieren sie ihre Seele.

Deshalb ist die wichtigste Arbeit des Vermittlers nicht das Studium neuer Techniken. Es ist die Arbeit an sich selbst. An der eigenen Klarheit. An der eigenen Echtheit. An der eigenen Fähigkeit, Räume zu halten, Beziehungen zu gestalten, Unsicherheit zu tragen. Diese Arbeit endet nie. Sie ist ein lebenslanger Prozess. Jeder neue Konflikt, jede neue Begegnung, jede neue Herausforderung wird zur Gelegenheit, tiefer zu werden, klarer zu werden, präsenter zu werden. Und genau darin liegt das Geheimnis wahrer Vermittlung: Sie ist nicht die Anwendung von Methoden. Sie ist die Kunst, in jedem Moment neu zu sein. Wach. Offen. Verbunden. Echt. Der Vermittler, der diese Kunst lebt, wird nicht nur Prozesse begleiten. Er wird Räume schaffen, in denen Wandel möglich wird. Er wird Beziehungen ermöglichen, in denen Vertrauen wachsen kann. Er wird Entwicklungen anstossen, die tiefer gehen als taktische Lösungen. Und er wird erfahren, dass seine grösste Wirksamkeit nicht in dem liegt, was er tut. Sondern in dem, was er ist. Die Persönlichkeit des Vermittlers ist das Fundament, auf dem alles ruht. Und doch bleibt sie oft unsichtbar. Sie wird nicht durch Zertifikate belegt, nicht durch Reden verkündet, nicht durch äussere Zeichen beglaubigt. Sie zeigt sich in der Art, wie ein Raum sich verändert, wenn der Vermittler ihn betritt. In der Art, wie Stimmen sich senken, wie Blicke sich öffnen, wie Spannung weicht, weil da jemand ist, der nichts fordert und doch alles ermöglicht. Diese Wirkung entsteht nicht aus Technik. Sie entsteht aus Sein. In der Tiefe dieser Persönlichkeit liegt ein paradoxes Geheimnis: Der Vermittler wird wirksam, je mehr er bereit ist, seine eigene Bedeutung zurückzunehmen. Je weniger er selbst zum Mittelpunkt wird, desto mehr öffnet sich der Raum für die Beteiligten. Je weniger er interveniert, desto mehr entsteht echte Bewegung. Je weniger er Lösungen anbietet, desto mehr entwickeln die Menschen ihre eigenen Antworten. Er wird zum Ermöglicher eines Prozesses, den er nicht besitzt, den er nicht steuert, den er nicht kontrolliert. Diese Fähigkeit, sich selbst zurückzunehmen, ist kein Zeichen von Schwäche. Sie erfordert grösste innere Stärke. Denn es ist eine tiefe menschliche Versuchung, in Krisen die Kontrolle zu übernehmen, in Unsicherheit Sicherheit anzubieten, in Angst schnelle Lösungen zu präsentieren. Der Vermittler, der dieser Versuchung widerstehen kann, schafft Räume, die tiefer, nachhaltiger und fruchtbarer sind als jede von aussen aufgedrängte Lösung. Doch diese innere Stärke wächst nicht aus dem Willen allein. Sie wächst aus einer tiefen Arbeit an der eigenen Angst. An der Angst vor Bedeutungslosigkeit. An der Angst vor Versagen. An der Angst, nicht gebraucht zu werden. Der Vermittler muss diese Ängste kennen. Er muss sie annehmen, ohne ihnen die Führung zu überlassen. Er muss mit ihnen leben können, ohne sich von ihnen leiten zu lassen. Nur dann kann er wirklich frei sein, präsent zu sein für den Prozess, so wie er sich entfaltet – nicht so, wie er ihn sich wünscht. Diese Freiheit macht den Raum weit. Weit genug, dass Unterschiedlichkeit nicht bekämpft werden muss. Weit genug, dass Unsicherheit ausgehalten werden kann. Weit genug, dass neues Denken, neues Fühlen, neues Handeln entstehen können. In dieser Weite geschieht das eigentlich Wunderbare der Vermittlung: Menschen beginnen, einander anders zu sehen. Sie hören anders. Sie sprechen anders. Sie denken anders. Nicht, weil sie dazu überredet wurden. Sondern weil der Raum so beschaffen ist, dass sie es wagen können.

Der Vermittler hält diesen Raum nicht durch äussere Autorität. Er hält ihn durch seine innere Klarheit. Durch seine Fähigkeit, mit der Angst der anderen so umzugehen, dass sie sich nicht weiter verhärtet. Durch seine Bereitschaft, Unsicherheit nicht zu flüchten, sondern zu gestalten. Durch seine Geduld, Prozesse wachsen zu lassen, ohne sie zu beschleunigen.

In einer Zeit, die schnelle Lösungen verlangt und oberflächliche Erfolge feiert, wird diese Art von Vermittlung zur stillen Revolution. Sie widersetzt sich der Logik der Effizienz. Sie widersetzt sich der Illusion der Kontrolle. Sie widersetzt sich der Versuchung, Prozesse zu instrumentalisieren.

Und sie eröffnet einen neuen Raum: einen Raum, in dem Menschen sich begegnen können, nicht als Rollen, nicht als Interessenvertreter, nicht als Gegner – sondern als Menschen. Mit ihren Ängsten, ihren Hoffnungen, ihrer Verletzlichkeit, ihrer Stärke.

Die Persönlichkeit des Vermittlers wird in diesem Raum zum stillen Zentrum. Sie hält den Raum, ohne ihn zu dominieren. Sie gestaltet Prozesse, ohne sie zu besitzen. Sie ermöglicht Begegnung, ohne sie zu erzwingen.

Und genau in dieser Haltung wird Vermittlung zur tiefsten Form von Führung. Nicht als Führung im Sinne von Anweisung, sondern als Führung im Sinne von Einladung. Nicht als Kontrolle, sondern als Schaffung von Resonanzräumen. Nicht als Durchsetzung von

Agenden, sondern als Ermöglichung von Entwicklungen, die tiefer gehen, nachhaltiger wirken, kraftvoller tragen als jede kurzfristige Einigung. Diese Art von Führung wächst nicht aus äusserer Autorität. Sie wächst aus innerer Authentizität. Sie wächst aus der Übereinstimmung von Sein und Handeln. Aus der Fähigkeit, in jedem Moment präsent zu sein für das, was ist – nicht für das, was sein sollte. Der Vermittler, der diese Haltung lebt, wird selbst zum lebendigen Beweis dafür, dass Veränderung möglich ist. Nicht durch Druck. Nicht durch Angst. Nicht durch Manipulation. Sondern durch Beziehung. Durch Vertrauen. Durch Resonanz.

Und so wird seine Persönlichkeit nicht zum Werkzeug der Vermittlung. Sie wird zu ihrem Herzschlag.

In ihr pulsiert die Kraft, die Räume des Wandels erschafft. Die Kraft, die Verbindung möglich macht. Die Kraft, die Zukunft ermöglicht – nicht durch Planung allein, sondern durch das stille, kraftvolle Ermöglichen von Bewegung, von Begegnung, von neuem Leben. Die Persönlichkeit des Vermittlers ist nicht etwas, das hinzugefügt werden kann. Sie ist etwas, das wachsen muss. Aus der Begegnung mit sich selbst. Aus der Bereitschaft zur Transformation. Aus der Fähigkeit, immer wieder neu aufzubrechen, immer wieder neu offen zu werden, immer wieder neu Mensch zu sein. Und genau darin liegt die grösste Wahrheit der Vermittlung: Sie ist nicht in erster Linie eine Technik. Sie ist eine Haltung. Eine innere Bewegung. Eine lebendige, atmende, sich ständig erneuernde Kunst des Seins.

Notizen:

Notizen:

Kapitel 21. Vermittlung zwischen Kulturen – Wie Verständnis über Grenzen hinweg entsteht

Kulturen sind wie unsichtbare Landschaften, in denen Menschen leben, denken, fühlen und handeln. Sie prägen unsere Wahrnehmungen, unsere Erwartungen, unsere Werte, oft ohne dass wir es bemerken. Kultur ist nicht nur Folklore oder Tradition. Sie ist der stille Hintergrund, vor dem sich unser Leben abspielt. Eine Matrix aus Bedeutungen, Geschichten und Selbstverständlichkeiten, die unsere Sicht auf die Welt formt. Und genau deshalb wird Vermittlung zwischen Kulturen zur höchsten Form der Verständigung. Sie verlangt mehr als Übersetzung von Worten. Sie verlangt die Übersetzung von Wirklichkeiten.

Wer zwischen Kulturen vermitteln will, muss verstehen, dass es nicht genügt, die Sprache des anderen zu sprechen. Worte allein reichen nicht. Es geht darum, die Welt zu betreten, in der diese Worte Bedeutung haben. Es geht darum, die Geschichten zu verstehen, die hinter den Begriffen liegen. Die Ängste, die hinter den Gesten wirken. Die Hoffnungen, die hinter den Forderungen schimmern. Es geht darum, nicht nur zu hören, was gesagt wird, sondern zu erspüren, was gemeint ist – und warum es auf diese Weise gesagt wird.

In diesem Prozess wird schnell klar: Es gibt keine neutralen Räume der Vermittlung. Jeder bringt seine Landschaft mit. Seine Bilder von richtig und falsch, von höflich und verletzend, von verbindlich und flexibel, von Erfolg und Scheitern. Der Vermittler kann diese Landschaften nicht ignorieren. Er kann sie nicht nivellieren. Er muss sie wahrnehmen, würdigen und in seine Arbeit einbeziehen. Nur wer die eigenen kulturellen Prägungen kennt, kann offen sein für die des anderen. Zwischen Kulturen vermitteln heisst deshalb zuerst: sich selbst fremd werden. Die eigene Selbstverständlichkeit infrage stellen. Den eigenen Blick auf Welt und Mensch als einen unter vielen erkennen. Sich selbst aus der Mitte der Wirklichkeit herausnehmen, um Platz zu schaffen für andere Wirklichkeiten. Das ist keine intellektuelle Übung. Es ist ein existenzieller Prozess. Er verlangt, Sicherheiten loszulassen. Urteile zu suspendieren. Neugier zu entwickeln, wo Angst lauert. Respekt zu üben, wo Unverständnis droht.

Der Vermittler wird zum Reisenden in fremden Landschaften. Nicht als Tourist, der Eindrücke sammelt. Sondern als stiller Gast, der lernt, bevor er spricht. Der Raum gibt, bevor er Fragen stellt. Der Stille aushält, bevor er Antworten sucht. Der versteht, dass er die Wirklichkeit des anderen nicht besitzen, nicht bewerten, nicht erobern kann. Er kann nur eintreten, achtsam, behutsam, bereit, sich verändern zu lassen durch das, was er sieht, hört, fühlt.

In dieser Haltung entsteht das, was wahre kulturelle Vermittlung ausmacht: ein drittes Feld. Ein Raum, der nicht einfach die Summe zweier Kulturen ist, sondern ein neuer Raum, in dem Begegnung möglich wird. In dem Differenz nicht verleugnet wird, aber auch nicht trennt. In dem Anderssein nicht zur Bedrohung wird, sondern zur Einladung, die eigene Begrenztheit zu überschreiten.

Dieser Raum entsteht nicht automatisch. Er muss gehalten werden. Er muss genährt werden. Er muss gegen die Kräfte der Vereinfachung, der Angst, des Rückzugs geschützt werden. Der Vermittler wird zum Hüter dieses Raumes. Er sorgt dafür, dass Unterschiedlichkeit sichtbar bleiben darf, ohne in Feindschaft umzuschlagen. Dass Missverständnisse benannt werden können, ohne dass Beziehungen zerbrechen. Dass Verletzungen anerkannt werden, ohne dass sie zur ewigen Trennung führen. Vermittlung zwischen Kulturen heisst nicht, Unterschiede einzuebnen. Sie heisst, Brücken zu bauen, auf denen Menschen sich begegnen können, ohne sich selbst aufzugeben. Sie heisst, einen Raum zu schaffen, in dem Vielfalt nicht zur Last, sondern zur Ressource wird. In dem neue Geschichten entstehen können, die nicht die Vergangenheit leugnen, sondern eine gemeinsame Zukunft eröffnen. Diese Arbeit verlangt eine tiefere Form des Hörens. Ein Hören, das nicht nur auf Worte achtet, sondern auf Bedeutungen. Auf Atmosphären. Auf das, was gesagt wird – und auf das, was nicht gesagt werden kann. Auf das, was in den Pausen lebt, in den Blicken, in den Gesten, in der Art, wie Schweigen gestaltet wird.

Jede Kultur hat ihre eigene Grammatik des Schweigens. Ihre eigene Semantik der Gesten. Ihre eigene Syntax der Beziehung. Der Vermittler muss diese Sprachen lernen, ohne dass sie ihm je ganz gehören werden. Er muss sie achten, auch wenn er sie nicht immer ganz versteht. Er muss die Verletzlichkeit respektieren, die in jedem Versuch liegt, sich über kulturelle Grenzen hinweg zu verständigen. Und er muss bereit sein, selbst verletzt zu werden. Denn Vermittlung zwischen Kulturen bedeutet immer auch, sich selbst aussetzen. Der Unsicherheit. Dem Nicht-Verstanden-Werden. Dem Irrtum. Der Ablehnung. Aber nur wer dieses Risiko auf sich nimmt, kann Räume schaffen, in denen andere das gleiche Risiko wagen.

In einer Welt, die immer enger zusammenwächst und zugleich immer tiefer in kulturelle Abgrenzungen zurückfällt, wird diese Form der Vermittlung zur Schlüsselkompetenz des Überlebens. Systeme, die nur auf Homogenität setzen, erstarren. Systeme, die lernen, Vielfalt zu gestalten, bleiben lebendig. Gesellschaften, die nur die eigene Perspektive gelten lassen, verarmen.

Gesellschaften, die die Kunst der kulturellen Vermittlung entwickeln, werden reich an Möglichkeiten, reich an Beziehungen, reich an Zukunft. Der Vermittler wird in dieser Welt nicht zum Prediger einer globalen Einheitskultur. Er wird zum Gärtner der Vielfalt. Zum Hüter der Unterschiede. Zum Ermöglicher neuer Formen von Zusammenleben, die die Tiefe der Differenzen nicht fürchten, sondern in ihnen die Kraft neuer Entwicklungen erkennen.

Und so wird Vermittlung zwischen Kulturen nicht nur zu einer Aufgabe politischer Diplomatie oder wirtschaftlicher Kooperation. Sie wird zu einer neuen Form der Friedensarbeit. Zu einer neuen Kunst der Menschlichkeit. Zu einer neuen Weise, die Komplexität der Welt nicht als Bedrohung, sondern als Reichtum zu begreifen. In diesem Geist schafft der Vermittler Räume, in denen Verständigung nicht trotz der Unterschiede gelingt. Sondern durch sie hindurch. Wahre Vermittlung zwischen Kulturen beginnt dort, wo Worte an ihre Grenzen stossen. Dort, wo nicht mehr der Austausch von Argumenten, sondern das stille Erleben von Gemeinsamkeit den Raum prägt. Dort, wo Differenz nicht mehr als Mangel erlebt wird, sondern als Einladung, das Eigene im Spiegel des Fremden neu zu erkennen. Vermittlung bedeutet hier nicht, Unterschiede zu überbrücken, als liessen sie sich einfach überspielen. Sie bedeutet, auf der Brücke zu verweilen, ohne das andere Ufer sofort erreichen zu wollen. Die Spannung auszuhalten, das Unverständliche zu würdigen, das Fremde stehen zu lassen, ohne es vorschnell in das Vertraute zu übersetzen.

Der Vermittler bewegt sich in diesen Prozessen wie ein Wanderer zwischen Welten. Er trägt die Sprache des einen, während er die Wirklichkeit des anderen hört. Er balanciert auf schmalen Pfaden, wo ein falsches Wort Vertrauen zerstören kann und ein echter Blick neue Horizonte eröffnet. Er lebt in der paradoxen Spannung, zugleich Teil und Fremder zu sein, zugehörig und doch distanziert, wissend und doch staunend. Diese Balance verlangt eine besondere Art der inneren Bewegung. Eine Fähigkeit, gleichzeitig in mehreren Wirklichkeiten zu stehen, ohne sich zu verlieren. Eine Bereitschaft, eigene Werte nicht aufzugeben, aber auch nicht als einzig gültige Wahrheit zu setzen. Eine Kunst, eigene Identität zu bewahren, während man sie im Spiegel der anderen immer wieder neu sieht, neu denkt, neu versteht.

Der Vermittler wird in dieser Arbeit zum Spiegel, in dem sich alle Beteiligten neu erkennen können. Er wird zum Resonanzkörper, in dem unterschiedliche Stimmen hörbar werden, ohne sich gegenseitig zu übertönen. Er wird zum Hüter der Zwischenräume, in denen die Magie der Verständigung geschieht: nicht durch Anpassung, nicht durch Unterwerfung, sondern durch die leise Entdeckung, dass auch das Fremde etwas sagt über das Eigene.

In diesem Zwischenraum wächst eine neue Form von Beziehung. Eine Beziehung, die nicht auf Übereinstimmung beruht, sondern auf Anerkennung. Eine Beziehung, die nicht durch Vereinheitlichung stabil wird, sondern durch die gelebte Erfahrung, dass Verschiedenheit tragfähig sein kann. Diese Beziehung ist zerbrechlich. Sie muss gepflegt werden. Sie muss geschützt werden gegen die Kräfte der Angst, der Vereinfachung, der Abgrenzung.

Der Vermittler schützt diesen Raum nicht durch Kontrolle. Er schützt ihn durch Präsenz. Durch Achtsamkeit. Durch die stille Bereitschaft, immer wieder neu zu hören, neu zu fragen, neu zu staunen. Er schützt ihn, indem er nicht nach schnellen Lösungen drängt, sondern Prozesse erlaubt, die Zeit brauchen. Er schützt ihn, indem er Spannungen nicht sofort auflöst, sondern als Kraftquellen versteht, die – richtig gehalten – neue Wege eröffnen können. In einer Welt, in der kulturelle Konflikte oft schneller eskalieren als Verständigung möglich wird, ist diese Form der Vermittlung kostbarer denn je. Denn sie geht an die Wurzel dessen, was Kultur wirklich bedeutet: nicht Unterschiede im Stil, sondern Unterschiede in der Weltwahrnehmung. Nicht Verschiedenheiten im Geschmack, sondern Verschiedenheiten in der Art, was als Wirklichkeit gilt, was als wertvoll empfunden wird, was als richtig oder falsch erlebt wird.

Vermittlung in diesem tiefen Sinn verlangt, auf der Ebene dieser Weltwahrnehmungen zu arbeiten. Nicht nur nach Gemeinsamkeiten zu suchen, sondern Unterschiede stehen lassen zu können, ohne sie als Bedrohung zu erleben. Nicht nur Übersetzungen anzubieten, sondern neue Räume entstehen zu lassen, in denen verschiedene Bedeutungen nebeneinander existieren dürfen, ohne einander auszulöschen.

Und sie verlangt, das Scheitern nicht zu fürchten. Denn Vermittlung zwischen Kulturen wird immer auch an Grenzen stossen. An Grenzen des Verstehens. An Grenzen der Sprache. An Grenzen der Geduld. Manchmal wird Verständigung nicht sofort möglich sein. Manchmal wird Misstrauen überwiegen. Manchmal wird die Vergangenheit zu schwer sein, um den Schritt in eine neue Beziehung zuzulassen. Doch der Vermittler hält den Raum auch dann. Er hält ihn offen, nicht, weil er sicher wäre, dass Verständigung gelingt. Sondern weil er weiss, dass sie nur dort möglich bleibt, wo der Raum erhalten bleibt. Wo Beziehung nicht abgebrochen wird, auch wenn sie belastet ist. Wo die Tür offen bleibt, auch wenn niemand hindurchtritt. In dieser Geduld liegt die wahre Kraft des Vermittlers. Eine Kraft, die nicht drängt, nicht erzwingt, nicht überredet. Eine Kraft, die vertraut: auf die Zeit. Auf die tiefere Bewegung unter der Oberfläche. Auf die stille Sehnsucht nach Verbindung, die selbst in den lautesten Konflikten manchmal verborgen bleibt. Vermittlung zwischen Kulturen ist deshalb auch eine Arbeit am Gedächtnis der Beziehungen. Sie erinnert daran, dass Begegnung möglich war – und wieder möglich sein kann. Sie bewahrt die Erfahrung, dass Menschen sich verstehen können, selbst wenn sie aus Welten kommen, die sich unvereinbar erscheinen. Sie hält die Erinnerung an das Gemeinsame lebendig, auch wenn Differenz wieder die Oberhand gewinnt.

Und gerade in dieser stillen Arbeit an den Möglichkeiten der Beziehung wird der Vermittler zu einem leisen Architekten von Frieden. Nicht als Abwesenheit von Konflikt. Sondern als Fähigkeit, Differenz zu gestalten. Spannung zu tragen. Beziehung zu ermöglichen, wo sie immer wieder bedroht ist.

In einer Welt, die oft zwischen Globalisierung und Tribalismus schwankt, zwischen der Illusion einer einheitlichen Welt und der Angst vor dem Verlust eigener Identität, wird diese Form der Vermittlung zum Schlüssel für eine Zukunft, die beides anerkennt: die Vielfalt und die Verbindung. Die Unterschiedlichkeit und die Gemeinschaft. Die Spannung und die Resonanz.

Und der Vermittler wird in dieser Zukunft nicht der Überbringer fertiger Lösungen sein. Er wird der Hüter offener Räume sein. Der Begleiter langsamer Bewegungen. Der stille Ermöglicher jener Veränderungen, die nicht durch Programme entstehen, sondern durch echte Begegnung.

Eine Begegnung, in der nicht die Unterschiede überwunden werden. Sondern in der gerade die Unterschiede die Brücke werden zu einer tieferen Form von Gemeinsamkeit.

Notizen:

Kapitel 22. Die Ethik des Vermittlers – Verantwortung, Wahrheit und Integrität

Vermittlung ist nicht nur eine Kunst des Gesprächs, der Beziehungsgestaltung, der Prozessführung. Sie ist, im tiefsten Sinn, eine ethische Praxis. Jede Intervention, jede begleitete Bewegung, jede gehaltene Spannung berührt Fragen von Verantwortung, von Wahrheit, von Integrität. Der Vermittler steht nicht einfach als Techniker zwischen Konfliktparteien. Er wird zum stillen Träger einer Ethik, die nicht in abstrakten Regeln besteht, sondern in der gelebten Haltung gegenüber Menschen, gegenüber Prozessen, gegenüber der Wirklichkeit selbst.

Verantwortung ist dabei das erste und grundlegende Element. Der Vermittler übernimmt Verantwortung nicht für den Ausgang der Prozesse, nicht für die Entscheidungen der Beteiligten, nicht für das Scheitern oder Gelingen im äusseren Sinne. Aber er übernimmt Verantwortung für die Qualität des Raumes, den er schafft. Für die Echtheit seiner Präsenz. Für die Achtsamkeit seiner Eingriffe. Für die Integrität seines Wirkens. Verantwortung bedeutet hier, bewusst zu sein: um die eigene Wirkung, um die eigenen Grenzen, um die eigenen Motive. Wer vermittelt, greift ein in Beziehungen, in Systeme, in Identitäten. Selbst wenn er es mit grösster Behutsamkeit tut, bleibt seine Einflussnahme spürbar. Er verändert Atmosphären, er öffnet oder schliesst Möglichkeiten, er gestaltet – bewusst oder unbewusst – den Raum der Optionen. Diese Macht darf nicht verdrängt oder verniedlicht werden. Sie verlangt höchste Achtsamkeit. Höchste Reflexion. Und die Bereitschaft, eigene Interessen, eigene Bedürfnisse, eigene unbewusste Dynamiken immer wieder neu zu prüfen und zu klären. Wahrheit wird in der Vermittlung zu einer ebenso komplexen wie zentralen Herausforderung. Es gibt nicht die eine Wahrheit, die objektiv zwischen den Parteien gefunden werden könnte. Jede Seite bringt ihre eigene Geschichte, ihre eigene Perspektive, ihre eigene Wirklichkeit. Der Vermittler darf sich nicht auf die Seite einer dieser Wahrheiten schlagen. Aber er darf auch nicht in einen indifferenten Relativismus verfallen, in dem alles gleich gültig wird. Seine Aufgabe ist es, Räume zu schaffen, in denen unterschiedliche Wahrheiten ausgesprochen, gehört, anerkannt werden können. Räume, in denen Wahrheit nicht als Waffe dient, sondern als Brücke. Als Möglichkeit, sich selbst und den anderen tiefer zu verstehen. Wahrheit in der Vermittlung bedeutet, sich der Komplexität zu stellen. Der Vielschichtigkeit von Erfahrungen. Der Unvollständigkeit jeder Perspektive. Der Tragik, dass selbst bei grösstem Bemühen nicht alle Verletzungen geheilt, nicht alle Widersprüche aufgelöst, nicht alle Brüche überbrückt werden können. Es bedeutet, Illusionen zu vermeiden, ohne Hoffnung zu zerstören. Klarheit zu schaffen, ohne neue Verletzungen zuzufügen. Dem Schmerz Raum zu geben, ohne ihn in Zynismus umkippen zu lassen.

Integrität schliesslich ist das Band, das Verantwortung und Wahrheit verbindet. Integrität bedeutet, in Übereinstimmung mit den eigenen Werten zu handeln, auch wenn es unbequem wird. Integrität bedeutet, auch unter Druck nicht zu lügen, nicht zu manipulieren, nicht zu vereinfachen, nur um Prozesse scheinbar zu retten. Integrität bedeutet, sich selbst treu zu bleiben, ohne starr zu werden. Offen zu bleiben, ohne beliebig zu werden. In Beziehung zu bleiben, ohne sich selbst aufzugeben. Der Vermittler ist in jedem Moment seines Wirkens ein lebendiges Beispiel für diese Ethik. Nicht durch Predigten. Nicht durch moralische Appelle. Sondern durch die stille Kohärenz von Sein und Handeln. Durch die

Art, wie er hört. Wie er spricht. Wie er schweigt. Wie er Fragen stellt. Wie er Spannungen hält. Wie er loslässt, wenn der Raum es verlangt. Diese Ethik ist kein äusserlicher Kodex. Sie ist eine innere Haltung. Sie ist spürbar in jedem Atemzug. In jeder Geste. In jedem Blick. Sie schafft Vertrauen, nicht weil sie behauptet, richtig zu sein, sondern weil sie lebt, was sie ermöglicht: Echtheit. Achtsamkeit. Offenheit. Verantwortung.

In einer Welt, die oft von Effizienzdenken, von Machtlogiken, von strategischer Kommunikation dominiert wird, wird diese Ethik zur leisen Revolution. Sie widersetzt sich der Versuchung, Prozesse zu instrumentalisieren. Sie widersetzt sich der Verlockung, schnelle Erfolge über tiefe Entwicklungen zu stellen. Sie widersetzt sich der Illusion, Konflikte könnten ohne Achtung vor den Menschen, die sie tragen, wirklich gelöst werden.

Der Vermittler, der diese Ethik lebt, wird nicht immer schnelle Siege feiern. Aber er wird Räume hinterlassen, in denen Menschen wachsen können. Beziehungen, in denen neues Vertrauen möglich wird. Systeme, in denen Differenz gestaltet, Spannung gehalten, Zukunft ermöglicht wird.

Diese Ethik verlangt Mut. Mut, Nein zu sagen, wenn Ja bequemer wäre. Mut, Prozesse zu beenden, wenn sie in Manipulation zu kippen drohen. Mut, eigene Fehler einzugestehen. Mut, sich selbst immer wieder neu zu prüfen, ohne sich in Selbstzweifeln zu verlieren. Und sie verlangt Geduld. Geduld mit den Prozessen. Geduld mit den Menschen. Geduld mit sich selbst. Denn Entwicklung braucht Zeit. Beziehung braucht Zeit. Wandel braucht Zeit. Die Ethik des Vermittlers ist die Ethik der Geduld, der Beharrlichkeit, der stillen Treue zu einem Prozess, der grösser ist als der eigene Einfluss. In dieser Treue wird der Vermittler zum Hüter einer anderen Form des Zusammenlebens. Einer Form, die auf Vertrauen basiert, nicht auf Kontrolle. Auf Beziehung, nicht auf Manipulation. Auf Verantwortung, nicht auf blosser Effizienz.

Und so wird Vermittlung, verstanden als gelebte Ethik, zu einer stillen, aber tiefgreifenden Arbeit an der Kultur des Miteinanders. An der Kultur des Gesprächs. An der Kultur des Wandels.

Sie wird zur Arbeit an jener Zukunft, in der nicht die Lautesten siegen, sondern die Wachsten. Nicht die Mächtigsten herrschen, sondern die Achtsamsten gestalten. Nicht die Schnellsten Recht behalten, sondern die Wahrhaftigsten den Weg weisen.

Eine Zukunft, in der Vermittler nicht als Techniker gefragt sind. Sondern als Träger einer neuen Ethik des Miteinanders.

Die Ethik des Vermittlers ist kein Ornament, das dem Prozess Schönheit verleiht. Sie ist seine unsichtbare Struktur. Ohne sie wird jede Methode zur Manipulation, jede Technik zum Instrument der Kontrolle, jede Strategie zum Machtspiel. Ohne sie verliert Vermittlung ihren Sinn, ihren Kern, ihre Würde. Denn Vermittlung, die sich selbst vergisst, wird zur Technik der Überredung, zur Kunst des Arrangements, zur Dienstleistung für die kurzfristigen Interessen der Mächtigen. Nur die Ethik hält Vermittlung in der Spur der Menschlichkeit.

Diese Ethik verlangt mehr als den guten Willen. Sie verlangt bewusste Arbeit am eigenen Inneren. Sie verlangt, dass der Vermittler seine eigenen Schatten kennt, seine eigenen Machtwünsche, seine eigenen Fluchtimpulse. Dass er sie nicht verleugnet, sondern integriert. Dass er sie nicht auf andere projiziert, sondern als Teil seiner Verantwortung begreift. Nur so kann er Räume schaffen, in denen auch andere sich ehrlich begegnen können, ohne

Masken, ohne Rollen, ohne Schutzmechanismen, die jede tiefere Verständigung verhindern. Die Ethik des Vermittlers ist eine Ethik der Beziehung. Sie stellt das Du ins Zentrum, nicht das Es. Sie begegnet dem Anderen nicht als Objekt, das beeinflusst, gelenkt, bearbeitet werden soll, sondern als Subjekt, das gehört, gesehen, anerkannt werden will. Diese Ethik erkennt die Würde jedes Menschen an, unabhängig von seiner Position, seinem Verhalten, seiner Geschichte. Sie begegnet dem Konflikt nicht als Problem, das beseitigt werden muss, sondern als Ausdruck einer tieferen Bewegung, die verstanden und gestaltet werden will.

Diese Haltung verändert alles. Sie verändert die Art, wie Fragen gestellt werden. Wie Schweigen gehalten wird. Wie Spannungen gelesen werden. Der Vermittler, der aus dieser Haltung heraus wirkt, hört anders, fragt anders, spricht anders. Er bringt eine Qualität der Achtsamkeit in den Raum, die nicht kontrolliert, sondern ermöglicht. Die nicht dominiert, sondern Resonanz schafft. Die nicht drängt, sondern trägt.

In dieser Haltung wird der Vermittler selbst zum Raum. Ein Raum, in dem Angst sich lösen kann. In dem Misstrauen sich verwandeln kann. In dem neue Geschichten entstehen können, die nicht auf Verdrängung beruhen, sondern auf Integration. Auf der Anerkennung dessen, was war, und auf der Offenheit für das, was sein könnte. Die Ethik des Vermittlers ist auch eine Ethik der Wahrheit einer Wahrheit, die nicht in Dogmen gefasst werden kann. Der Vermittler trägt nicht die eine Wahrheit in den Raum. Aber er trägt die Wahrheit seiner eigenen Haltung: seine Aufrichtigkeit, seine Unbestechlichkeit, seine Bereitschaft, Widersprüche zu halten, statt sie vorschnell aufzulösen. Seine Bereitschaft, die Komplexität zu ehren, statt sie in Vereinfachungen zu verraten. Wahrhaftigkeit bedeutet in der Vermittlung auch, Grenzen zu benennen. Prozesse zu beenden, wenn sie in Zynismus kippen. Interventionen abzubrechen, wenn sie zum Spiel werden, zum taktischen Manöver. Der Vermittler schützt nicht den äusseren Frieden um jeden Preis. Er schützt die Möglichkeit echter Begegnung. Wenn diese Möglichkeit zerstört wird, muss er den Mut haben, dies auszusprechen. Nicht aus Ärger, nicht aus Resignation, sondern aus Treue zu einer tieferen Wahrheit: dass Vermittlung nur dort sinnvoll ist, wo Begegnung noch möglich ist.

Integrität ist in dieser Arbeit keine Haltung, die bewiesen werden kann. Sie ist eine Haltung, die gespürt wird. Sie zeigt sich in den kleinen Dingen. In der Art, wie ein Gespräch begonnen wird. In der Art, wie mit Angriffen umgegangen wird. In der Art, wie Anerkennung gegeben oder verweigert wird. Integrität ist spürbar in der Klarheit der Grenzen und in der Weichheit der Präsenz. In der Fähigkeit, fest zu bleiben, ohne hart zu werden. Offen zu bleiben, ohne beliebig zu sein.

Diese stille Integrität wird zur eigentlichen Quelle der Autorität des Vermittlers. Nicht Titel, nicht Erfahrung, nicht Zertifikate geben ihm seine Wirksamkeit. Es ist die Erfahrung der Beteiligten, dass sie ihm vertrauen können, weil er sich selbst treu bleibt. Weil er nicht verführt, nicht manipuliert, nicht verdrängt. Weil er da ist, ganz, klar, wach. Und genau darin liegt die tiefste Kraft der Vermittlung: in der gelebten Ethik. Nicht als Regelwerk. Nicht als Ideal. Sondern als gelebte Wirklichkeit, die den Raum verändert, die die Beziehungen verändert, die die Möglichkeiten verändert. In einer Welt, in der Geschwindigkeit oft wichtiger erscheint als Tiefe, in der äussere Ergebnisse oft höher bewertet werden als innere Entwicklungen, wird diese Ethik zur leisen, aber radikalen Kraft der Erneuerung. Der Vermittler, der sie lebt, wird zum stillen Zeugen einer anderen Art des Zusammenlebens. Einer Art, die auf

Beziehung basiert, auf Respekt, auf der Achtung der inneren Bewegungen von Menschen und Systemen. Er wird zum Hüter eines Raumes, in dem Wandel nicht erzwungen wird, sondern wachsen darf. In dem Verständigung nicht behauptet wird, sondern möglich wird. In dem Konflikte nicht vernichtet werden, sondern verwandelt. Und so wird die Ethik des Vermittlers letztlich zur Ethik des Lebens selbst: einer Ethik, die Beziehung über Recht stellt. Begegnung über Sieg. Entwicklung über Kontrolle.

Eine Ethik, die nicht den schnellen Erfolg sucht. Sondern die stille, kraftvolle Verwandlung des Möglichen in das Wirkliche.

Notizen:

Notizen:

Kapitel 23. Vermittlung als Führungskunst – Wie stille Kräfte Systeme verändern

Führung wurde lange als das Setzen von Richtungen verstanden, als das Durchsetzen von Entscheidungen, als das Organisieren von Abläufen. Wer führte, gab Ziele vor und Wege an, kontrollierte Fortschritte, korrigierte Abweichungen. Doch in einer Welt, die immer komplexer, schneller, unvorhersehbarer wird, bricht dieses alte Führungsparadigma in sich zusammen. Systeme, die auf Befehl und Kontrolle beruhen, verlieren ihre Beweglichkeit. Organisationen, die nur auf Hierarchie setzen, verlieren ihre Innovationskraft. Gesellschaften, die auf die Durchsetzung einzelner Wahrheiten setzen, verlieren ihre Kohäsion. In dieser Welt wächst die Sehnsucht nach einer anderen Form der Führung – einer Führung, die nicht dominiert, sondern gestaltet. Nicht kontrolliert, sondern ermöglicht. Nicht befiehlt, sondern Räume öffnet.

Und genau hier zeigt sich Vermittlung in ihrer höchsten Form: als Führungskunst. Eine Kunst, die in der Stille wirkt. In der Geduld. In der Achtsamkeit. In der Fähigkeit, Systeme zu begleiten, ohne sie zu beherrschen. Zu entwickeln, ohne sie zu überformen. Zu erneuern, ohne sie zu zerstören.

Der Vermittler wird in dieser Perspektive zum Führenden einer besonderen Art. Nicht weil er Macht beansprucht. Sondern weil er Möglichkeitsräume erschafft. Nicht weil er Entscheidungen diktiert. Sondern weil er Bewegungen ermöglicht, die aus den Systemen selbst entstehen. Nicht weil er steuert. Sondern weil er Resonanzen gestaltet, die Wandel tragen können. Führung durch Vermittlung beginnt mit dem tiefen Vertrauen in die Systeme selbst. In ihre Fähigkeit zur Selbstorganisation. In ihre innere

Intelligenz. In ihre oft verschütteten Kräfte der Erneuerung. Der Vermittler glaubt nicht daran, dass Systeme von aussen gerettet werden müssen. Er glaubt daran, dass sie von innen heraus wachsen können, wenn sie die richtigen Bedingungen finden. Diese Haltung verändert die Art der Führung radikal. Sie verlangt, Prozesse nicht zu dominieren, sondern zu begleiten. Spannungen nicht zu unterdrücken, sondern zu halten. Unterschiedlichkeiten nicht zu nivellieren, sondern fruchtbar zu machen. Unsicherheiten nicht zu bekämpfen, sondern auszuhalten und zu gestalten.

Führung durch Vermittlung ist eine stille Kunst. Sie wirkt nicht durch grosse Gesten. Nicht durch charismatische Reden. Nicht durch spektakuläre Entscheidungen. Sie wirkt durch Präsenz. Durch die Gestaltung von Räumen, in denen Menschen sich zeigen können. In denen Unterschiede sichtbar werden dürfen. In denen Spannungen kreativ genutzt werden können.

Der Vermittler führt, indem er Raum gibt, nicht indem er Raum nimmt. Indem er Fragen stellt, nicht indem er Antworten diktiert. Indem er Bewegungen ermöglicht, nicht indem er sie lenkt. Indem er Spannungen aushält, nicht indem er sie vorschnell auflöst. Diese Form der Führung ist anspruchsvoll. Sie verlangt die Fähigkeit, nicht die eigene Agenda durchzusetzen, sondern die Agenda des Prozesses zu hören. Sie verlangt die Fähigkeit, nicht eigene Wahrheiten zu verteidigen, sondern unterschiedliche Wahrheiten in Beziehung zu bringen. Sie verlangt die Fähigkeit, eigene Ängste zu integrieren, um Räume für die Ängste der anderen zu öffnen.

Der Vermittler wird damit zum Hüter einer Führung, die sich nicht in Durchsetzungskraft zeigt, sondern in Resonanzfähigkeit. In der Fähigkeit, Systeme so zu gestalten, dass sie ihre eigenen Wege finden können. Dass sie ihre eigenen Lösungen entwickeln können. Dass sie ihre eigene Zukunft entwerfen können. Diese Art der Führung verändert auch die Beziehung zu Macht. Macht wird nicht länger als Herrschaft verstanden, sondern als Verantwortung. Als Fähigkeit, Räume zu gestalten, in denen andere wachsen können. Als Fähigkeit, Spannung zu halten, damit neue Wirklichkeiten entstehen können. Als Fähigkeit, Einfluss zu nutzen, nicht um zu dominieren, sondern um zu ermöglichen.

Der Vermittler lebt eine Macht, die so leise ist, dass sie kaum spürbar scheint – und doch tiefgreifender wirkt als jede autoritäre Durchsetzung. Eine Macht, die nicht auf Angst basiert, sondern auf Vertrauen. Eine Macht, die nicht auf Kontrolle setzt, sondern auf Beziehung. Eine Macht, die nicht schnelle Ergebnisse produziert, sondern nachhaltige Entwicklungen ermöglicht. In einer Welt, die immer stärker von Unsicherheit geprägt ist, wird diese stille Kunst der Führung zur Schlüsselkompetenz. Systeme, die schnelle Antworten suchen, werden scheitern an der Komplexität. Systeme, die lernen, Unsicherheit zu gestalten, Resonanz zu nutzen, Vielfalt zu halten, werden überleben und wachsen.

Der Vermittler wird in dieser Welt zum Führenden, gerade weil er nicht vorgibt, den Weg zu kennen. Er führt, indem er Räume offenhält, in denen Wege entstehen können. Er führt, indem er Bewegungen begleitet, ohne sie zu kontrollieren. Er führt, indem er Beziehung ermöglicht, wo Trennung droht.

Und gerade darin zeigt sich seine grösste Kraft: in der Fähigkeit, Systeme nicht durch äussere Steuerung zu verändern, sondern durch das stille, kraftvolle Ermöglichen innerer Bewegungen. Führung durch Vermittlung bedeutet, die Zukunft nicht zu planen, sondern Bedingungen zu schaffen, unter denen Zukunft wachsen kann. Nicht Lösungen zu diktieren, sondern Räume zu eröffnen, in denen neue Lösungen entstehen können. Nicht Systeme zu stabilisieren, sondern sie lebendig zu halten. Und so wird der Vermittler zum stillen Architekten einer anderen Art von Zukunft: einer Zukunft, die nicht aus der Angst vor Veränderung geboren wird, sondern aus der Liebe zur Bewegung. Einer Zukunft, die nicht auf Kontrolle setzt, sondern auf Resonanz. Einer Zukunft, die nicht die Schwächsten verdrängt, sondern in der die Vielfalt der Stimmen neue Möglichkeiten schafft. In dieser Zukunft ist Vermittlung keine Sonderaufgabe. Keine Technik für besondere Situationen. Sondern die neue Form von Führung selbst.

Führung durch Vermittlung verlangt ein anderes Zeitgefühl. Sie gehorcht nicht der Uhr der Effizienz, die in festen Takten Fortschritte misst und Ergebnisse fordert. Sie folgt der inneren Zeit der Systeme, der Reifezeit von Beziehungen, der Wachstumszeit neuer Verständigung. Der Vermittler führt nicht durch Beschleunigung. Er führt durch Geduld. Er erkennt, wann ein System bereit ist, den nächsten Schritt zu gehen, und wann es noch die Stille des Reifens braucht. Er drängt nicht. Er hält den Raum, bis die Bewegung aus dem Inneren der Beteiligten selbst erwächst.

Diese Geduld ist keine Passivität. Sie ist aktive Präsenz. Aktives Warten. Aktives Lauschen auf die leisen Bewegungen unter der Oberfläche. Der Vermittler bleibt wach, verbunden, aufmerksam, auch wenn scheinbar nichts geschieht. Er weiss, dass Veränderung oft lange unsichtbar bleibt, bevor sie sich zeigt. Dass Systeme sich manchmal erst in der äussersten Spannung öffnen. Dass Vertrauen nicht linear wächst, sondern in plötzlichen, unplanbaren Momenten entsteht. In dieser stillen Wachsamkeit zeigt sich die wahre Führungskraft der Vermittlung. Eine Kraft, die nicht aus Anstrengung wächst, sondern aus tiefer Verbindung mit dem Prozess. Eine Kraft, die nicht auf äussere Kontrolle setzt, sondern auf innere Resonanz. Der Vermittler führt, indem er den Fluss der Entwicklungen erspürt und seine Gestaltung daran ausrichtet — nicht, indem er ihn unterbricht oder erzwingt. Diese Art der Führung verlangt eine tiefe Achtsamkeit gegenüber Macht und Ohnmacht.

Der Vermittler begegnet beidem, in sich selbst und in den Systemen, die er begleitet. Er kennt die Versuchung, in der Ohnmacht in Aktivismus zu fliehen, in der Macht in Kontrolle zu verfallen. Er kennt die Angst, die entsteht, wenn Prozesse stocken, wenn Verständigung misslingt, wenn Spannungen eskalieren. Aber er bleibt. Er hält den Raum. Er vertraut auf die tiefere Bewegung, die auch im Chaos wirkt, auch im Scheitern, auch im scheinbaren Stillstand. Und so verwandelt er Führung selbst. Von einer Praxis der Kontrolle in eine Praxis der Ermöglichung. Von einer Praxis der Macht in eine Praxis der Beziehung. Von einer Praxis der Zielorientierung in eine Praxis des Weglassens, des Raumgebens, des Reifens. Führung durch Vermittlung bedeutet, loszulassen. Nicht weil es gleichgültig wäre, wohin ein Prozess sich entwickelt. Sondern weil echte Veränderung nur dort entsteht, wo Systeme selbst in die Bewegung finden. Wo Entscheidungen nicht auferlegt, sondern geboren werden. Wo Zukunft nicht geplant, sondern ermöglicht wird. Der Vermittler gestaltet diese Räume nicht aus der Distanz. Er gestaltet sie, indem er selbst Teil des Prozesses wird. Nicht als Spieler, der seine eigenen Interessen verfolgt. Sondern als Hüter des Raumes, der dafür sorgt, dass Begegnung möglich bleibt. Dass Spannungen gehalten werden können. Dass Unterschiedlichkeit fruchtbar wird. Er weiss, dass er selbst immer Teil der Systeme wird, die er begleitet. Dass seine eigene Geschichte, seine eigene Präsenz, seine eigene Unsicherheit Teil der Dynamik werden. Er verleugnet dies nicht. Aber er reflektiert es.

Er integriert es. Er gestaltet es bewusst. In dieser bewussten Teilhabe wird Vermittlung zur tiefsten Form von Führung. Eine Führung, die nicht über den Systemen steht, sondern in ihnen wirkt. Eine Führung, die nicht steuert, sondern ermöglicht. Eine Führung, die nicht dominiert, sondern begleitet. Diese stille Führungskraft bleibt oft unsichtbar. Sie wird selten benannt, selten gefeiert. Ihre Erfolge sind schwer messbar. Aber sie sind tief und nachhaltig. Sie zeigen sich in der Art, wie Menschen sich begegnen. In der Art, wie Konflikte nicht länger eskalieren, sondern gestaltet werden. In der Art, wie Systeme ihre eigene Beweglichkeit, ihre eigene Kreativität, ihre eigene Zukunftsfähigkeit neu entdecken.

Der Vermittler als Führender lebt eine paradoxe Kraft: Er wirkt am stärksten, wo er sich am meisten zurücknimmt. Er gestaltet am tiefsten, wo er die Gestaltung aus dem Inneren der Systeme selbst entstehen lässt. Er verändert die Wirklichkeit nicht durch Durchsetzung, sondern durch Resonanz.

Und genau darin liegt die Hoffnung, die er in eine zerrissene, beschleunigte, erschöpfte Welt trägt: die Hoffnung, dass Führung nicht länger Beherrschung bedeuten muss. Dass Macht nicht länger Angst erzeugen muss. Dass Entwicklung nicht länger durch Gewalt erzwungen werden muss. Sondern dass Systeme, Menschen, Gemeinschaften wachsen können, wenn ihnen die richtigen Räume, die richtige Resonanz, die richtige Geduld geschenkt werden. Und dass in dieser stillen Kunst der Führung durch Vermittlung die leisen Kräfte am Werk sind, die die grössten Veränderungen bewirken.

Notizen:

Notizen:

Kapitel 24. Die Zukunft der Vermittlung – Warum sie die zentrale Kompetenz der nächsten Ära wird

Die Welt verändert sich in einem Tempo, das die alten Formen der Steuerung, der Kontrolle, der Gestaltung überfordert. Globale Vernetzungen durchdringen Wirtschaft, Gesellschaft, Kultur und Politik. Probleme werden komplexer, Zusammenhänge unübersichtlicher, Dynamiken unberechenbarer. Die Systeme, in denen wir leben, gleichen immer weniger klar strukturierten Maschinen und immer mehr lebendigen, offenen Organismen, in denen lineare Kausalitäten versagen, in denen einfache Lösungen unwirksam bleiben, in denen neue Formen des Denkens, des Handelns, des Miteinanders notwendig werden. In dieser Welt wird Vermittlung nicht länger eine Sonderkompetenz für besondere Situationen sein. Sie wird zur Grundlage jedes gelingenden Handelns. Zur Grundhaltung einer neuen Ära.

Vermittlung wird zur Schlüsselkompetenz, weil die Herausforderungen der Zukunft nicht mehr durch Macht allein, nicht durch Wissen allein, nicht durch Technik allein bewältigt werden können. Sie verlangen die Fähigkeit, Unterschiedlichkeit zu gestalten, Komplexität zu halten, Spannungen produktiv zu nutzen. Sie verlangen Räume, in denen Verschiedene einander begegnen können, ohne sich zu vernichten. Räume, in denen aus Vielfalt nicht Chaos, sondern Kreativität entsteht. Räume, in denen Unsicherheit nicht gelähmt wird, sondern neue Möglichkeiten gebiert.

In dieser Zukunft wird nicht der siegen, der am lautesten ruft, der am stärksten kontrolliert, der am härtesten durchsetzt. Es wird der bestehen, der Verbindungen schafft. Der Resonanzen ermöglicht. Der Spannungen gestaltet. Der Systeme nicht beherrschen will, sondern sie in ihrer eigenen Beweglichkeit stärkt. Vermittlung wird damit zur Führungskunst der Zukunft. Nicht als neue Technik der Machtausübung. Sondern als neue Kunst, Systeme lebendig, kreativ und entwicklungsfähig zu halten. Eine Kunst, die tiefes Hören verlangt. Geduld. Achtsamkeit. Mut zur Unsicherheit. Respekt vor Unterschiedlichkeit. Vertrauen in die Beweglichkeit lebendiger Systeme. Der Vermittler wird zum Prototyp des neuen Führenden. Er führt, indem er Räume öffnet, nicht indem er sie schliesst. Er gestaltet Prozesse, indem er Resonanzräume schafft, in denen Neues entstehen kann. Er hält Systeme in Bewegung, indem er Spannungen nicht zerstört, sondern hält. Er fördert Entwicklung, indem er Unsicherheit nicht verdrängt, sondern gestaltet. Diese Form der Vermittlung verlangt eine andere innere Haltung. Keine Haltung der Kontrolle. Keine Haltung der Vorwegnahme. Sondern eine Haltung der Präsenz. Des Mit-Seins. Der stillen, wachen Begleitung von Prozessen, deren Ausgang offenbleiben darf. Vermittlung wird zum Inbegriff einer Kultur, die nicht mehr auf das Entweder-Oder setzt, sondern auf das Sowohl-als-auch. Die nicht mehr auf Einheitlichkeit drängt, sondern Vielfalt gestaltet. Die nicht mehr Sicherheit durch Kontrolle sucht, sondern Stabilität durch Beziehung.

In dieser neuen Ära wird Vermittlung auch in den alltäglichsten Kontexten zentral. In Unternehmen, die lernen müssen, mit globalen, kulturell diversen Teams zu arbeiten. In Verwaltungen, die sich zwischen Effizienzanforderungen und gesellschaftlicher Vielfalt bewegen. In Schulen, die Kinder auf eine Welt vorbereiten sollen, die niemand mehr vollständig überblickt. In Familien, in Nachbarschaften, in Städten, die immer heterogener, immer dynamischer, immer widersprüchlicher werden. Überall dort, wo Menschen zusammenkommen und Unterschiedlichkeit gestalten müssen, wird Vermittlung zur zentralen Kulturtechnik. Sie wird nicht mehr nur in Krisen gerufen. Sie wird zur gelebten Praxis des Miteinanders. Zur Kunst, Differenz zu halten, ohne in Feindseligkeit zu verfallen. Zur Kunst, Spannungen auszuhalten, ohne sie zu eskalieren. Zur Kunst, aus Unsicherheit neue Möglichkeiten wachsen zu lassen. Diese Zukunft verlangt Vermittler, die mehr sind als neutrale Moderatoren. Sie verlangt Persönlichkeiten, die Räume halten können. Die Spannungen gestalten können. Die Beziehungen ermöglichen können. Die nicht aus Angst führen, sondern aus Vertrauen. Die nicht aus Kontrolle gestalten, sondern aus Resonanz. Die nicht einfache Lösungen versprechen, sondern Prozesse begleiten, die tiefere, nachhaltigere, kraftvollere Veränderungen ermöglichen. Und sie verlangt Systeme, die diese neue Kunst nicht als Bedrohung erleben, sondern als Chance. Systeme, die bereit sind, Kontrolle zu teilen. Macht zu gestalten. Unsicherheit zuzulassen. Systeme, die sich nicht in starrer Verteidigung erschöpfen, sondern in lebendiger Bewegung neu erfinden.

Vermittlung wird in dieser Welt nicht nur ein Werkzeug unter vielen sein. Sie wird zur zentralen Kulturtechnik gelingenden Zusammenlebens. Sie wird zum Inbegriff einer neuen Führung. Einer neuen Politik. Einer neuen Ökonomie. Einer neuen Weise, Mensch zu sein in einer Welt, die ihre alte Ordnung verloren hat und neue Formen des Miteinanders dringend braucht.

In dieser neuen Welt wird die stille Kunst des Vermittlers nicht mehr Randerscheinung sein. Sie wird ins Zentrum rücken. Weil ohne sie Systeme verhärten, Beziehungen zerbrechen, Innovation erstickt. Weil ohne sie die Komplexität der Welt nicht tragbar, nicht gestaltbar, nicht fruchtbar gemacht werden kann. Und weil in ihr die tiefste Hoffnung liegt: dass Verständigung möglich bleibt, auch in einer zerrissenen, chaotischen, komplexen Welt.

Eine Verständigung, die nicht auf Kosten der Unterschiede geht. Sondern in und durch die Unterschiede wächst. Eine Verständigung, die nicht die Angst verstärkt. Sondern die Vertrauen nährt. Eine Verständigung, die nicht durch Dominanz entsteht. Sondern durch Beziehung. Und so wird Vermittlung zur stillen Kraft, die die nächste Ära gestalten wird: nicht laut, nicht spektakulär, nicht mit schnellen Erfolgen. Sondern tief, still, kraftvoll. Aus der Mitte der Beziehungen heraus. Aus dem Raum des Möglichen. Aus der Zukunft selbst.

Notizen:

Notizen:

Kapitel 25. Vermittler in Organisationen – Wie Unternehmen durch innere Verständigung wachsen

Organisationen sind keine Maschinen. Sie sind lebendige, atmende, sich ständig verändernde Systeme, gebildet aus Beziehungen, aus Geschichten, aus Wahrnehmungen, die sich miteinander verweben. Sie folgen keiner mechanischen Logik, sondern der komplexen Dynamik menschlicher Interaktion. Wer Organisationen steuern will, indem er nur an Strukturen schraubt, nur Prozesse optimiert, nur Regeln verschärft, verfehlt ihr Wesen. Organisationen entwickeln sich nicht entlang von Organigrammen. Sie wachsen, sie stagnieren, sie scheitern entlang der Qualität der Beziehungen, die sie tragen. Und genau hier beginnt die eigentliche Arbeit des Vermittlers.

Der Vermittler wird in Organisationen zum stillen Architekten innerer Verständigung. Nicht als jemand, der Konflikte schlichtet, wenn sie offen ausbrechen. Sondern als jemand, der Spannungen frühzeitig wahrnimmt, sie sichtbar macht, sie gestaltet, bevor sie zerstörerisch werden. Als jemand, der Räume schafft, in denen Unterschiedlichkeiten ausgesprochen werden können, bevor sie zu Fronten verhärten. Als jemand, der Systeme nicht zwingt, sich zu vereinheitlichen, sondern ihnen ermöglicht, in ihrer Vielfalt handlungsfähig zu bleiben.

Organisationen sind Orte permanenter Spannungen. Zwischen Abteilungen. Zwischen Hierarchien. Zwischen alten Kulturen und neuen Erwartungen. Zwischen Effizienz und Innovation. Zwischen individueller Entfaltung und kollektiver Verantwortung. Diese Spannungen sind keine Fehler. Sie sind unvermeidlich. Sie sind das Lebenselixier lebendiger Systeme. Aber sie müssen gestaltet werden. Sie müssen gehalten werden. Sie müssen in produktive Bahnen gelenkt werden, damit sie nicht zerstören, sondern erneuern. Der Vermittler arbeitet nicht gegen die Spannungen. Er arbeitet mit ihnen. Er sieht in ihnen nicht das Problem, sondern das Potenzial. Er gestaltet Räume, in denen Spannungen nicht eskalieren müssen, sondern transformiert werden können. Räume, in denen Unterschiedlichkeit nicht homogenisiert wird, sondern als Ressource genutzt wird. Räume, in denen Konflikte nicht tabuisiert werden, sondern als Chance zur Entwicklung verstanden werden. Diese Arbeit beginnt mit dem tiefen Hören. Mit dem Wahrnehmen der Geschichten, die in einer Organisation erzählt werden – offen oder verborgen. Mit dem Erkennen der Muster, die Kommunikation prägen. Mit dem Spüren der Atmosphären, die Begegnungen tragen oder verhindern. Der Vermittler liest nicht nur die offiziellen Statements. Er liest zwischen den Zeilen. Er hört auf das, was nicht gesagt wird. Er achtet auf die kleinen Signale, die zeigen, wo Vertrauen wächst – und wo es schwindet.

Er gestaltet Räume, in denen diese verborgenen Dynamiken sichtbar werden dürfen. Räume, in denen Menschen sich zeigen können, ohne Angst vor Sanktionen. Räume, in denen Kritik möglich ist, ohne in Schuldzuweisungen zu münden. Räume, in denen Verletzungen anerkannt werden können, ohne dass sie eskalieren müssen. In dieser Arbeit verändert der Vermittler nicht die Strukturen der Organisation direkt. Er verändert ihre Beziehungen. Und damit verändert er alles. Denn in Organisationen ist alles Beziehung: Zusammenarbeit, Führung, Innovation, Lernen, Entwicklung. Wo Beziehung gelingt, gelingt Organisation. Wo Beziehung scheitert, scheitert Organisation. Der Vermittler wird zum stillen Ermöglicher dieser gelingenden Beziehungen. Er lebt die Haltung, die er im System stärken möchte: Achtsamkeit. Respekt. Geduld.

Offenheit. Er zeigt durch seine eigene Art des Seins, dass andere Formen des Miteinanders möglich sind. Nicht durch Belehrung. Nicht durch Programme. Sondern durch gelebte Präsenz. Organisationen, die Vermittler integrieren, verändern sich tiefgreifend. Sie werden beweglicher, weil sie Spannungen gestalten können. Sie werden kreativer, weil sie Unterschiedlichkeit nutzen können. Sie werden resilienter, weil sie Vertrauen aufbauen können. Sie werden zukunftsfähiger, weil sie Wandel nicht fürchten, sondern gestalten können. Und sie entwickeln eine neue Art von Führung: Führung, die nicht auf Kontrolle basiert, sondern auf Beziehung. Führung, die nicht durch Angst wirkt, sondern durch Resonanz. Führung, die nicht alles wissen muss, sondern den Raum für gemeinsames Lernen hält. Der Vermittler wird in solchen Organisationen zum Hüter einer neuen Kultur. Einer Kultur, in der Fehler nicht vertuscht werden, sondern als Lernchancen genutzt werden.

In der Unsicherheit nicht verdrängt wird, sondern als Raum für Innovation gestaltet wird. In der Macht nicht autoritär verteidigt wird, sondern als Verantwortung für die Gestaltung von Beziehung verstanden wird. Diese Kultur wächst nicht über Nacht. Sie wächst langsam. Durch kleine Bewegungen. Durch neue Gespräche. Durch veränderte Atmosphären. Durch stilles, geduldiges Arbeiten an den unsichtbaren Fäden, die Menschen miteinander verbinden oder trennen. Der Vermittler weiss, dass seine Arbeit oft unsichtbar bleibt. Dass seine grössten Erfolge nicht in schnellen Resultaten, sondern in veränderten Mustern liegen. In der Art, wie Konflikte frühzeitig erkannt und gestaltet werden. In der Art, wie Spannungen nicht mehr zerstören, sondern erneuern. In der Art, wie Beziehungen tragen, auch unter Druck, auch in Veränderung, auch in Unsicherheit. Und genau darin liegt die stille Revolution, die Vermittlung in Organisationen bewirken kann: nicht durch äussere Umbrüche, sondern durch innere Verwandlung. Nicht durch neue Strategien allein, sondern durch neue Arten des Miteinanders. Nicht durch neue Regeln, sondern durch neue Beziehungen. Organisationen der Zukunft werden nicht die sein, die am perfektesten strukturiert sind. Sie werden die sein, die am tiefsten in Beziehung bleiben können. In Beziehung zu sich selbst. In Beziehung zu ihren Mitarbeitenden. In Beziehung zu einer sich ständig wandelnden Welt. Und der Vermittler wird in ihnen nicht der Aussenseiter sein. Er wird ihr innerer Architekt. Ihr stiller Gestalter. Ihr lebendiger Hüter der Bewegung, die Leben möglich macht. Doch Vermittlung in Organisationen bedeutet mehr als das Halten von Räumen für Dialog. Sie bedeutet auch, die tieferen, oft unbewussten Strukturen eines Systems sichtbar zu machen. Jene Muster, die Gespräche lenken, noch bevor Worte fallen. Jene Geschichten, die Rollen verteilen, noch bevor Aufgaben definiert sind. Jene unausgesprochenen Erwartungen, die darüber entscheiden, was gesagt werden darf und was nicht. Was möglich ist und was undenkbar bleibt.

Der Vermittler arbeitet mit diesen verborgenen Feldern. Nicht, indem er sie analysiert wie ein Wissenschaftler, nicht, indem er sie verändert wie ein Ingenieur. Sondern indem er sie erlebbar macht. Indem er Räume schafft, in denen Menschen selbst erfahren können, wie ihre Beziehungen geprägt sind. Wie alte Geschichten ihre Begegnungen formen. Wie alte Verletzungen ihre Zusammenarbeit einfärben. Wie unausgesprochene Ängste ihre Entscheidungen beeinflussen.

In dieser Arbeit wird Vermittlung zur Kunst der Bewusstwerdung. Eine Kunst, die nicht belehrt, sondern ermutigt. Eine Kunst, die nicht vorgibt, sondern ermöglicht. Eine Kunst, die nicht auf Antworten drängt, sondern neue Fragen öffnet.

Denn Veränderung in Organisationen beginnt nicht mit neuen Strategien. Sie beginnt mit neuen Wahrnehmungen. Mit dem Moment, in dem Menschen erkennen, dass das, was sie für selbstverständlich hielten, gestaltbar ist. Dass das, was sie für unveränderlich hielten, eine Geschichte ist, die auch anders erzählt werden kann. Dass das, was sie für Natur gegeben hielten, Ausdruck von Beziehung ist – und damit veränderbar. Der Vermittler wird zum Begleiter dieser Bewusstwerdung. Nicht als Lehrer. Nicht als Berater. Sondern als stiller Begleiter eines inneren Weges, den jede Organisation, den jeder Mensch nur selbst gehen kann.

Dieser Weg ist nicht linear. Er verläuft in Schleifen, in Sprüngen, in scheinbaren Rückschritten. Er braucht Geduld. Er braucht Mut. Er braucht Räume, in denen Fehler keine Katastrophe sind, sondern Zeichen von Bewegung. In denen Widersprüche nicht als Bedrohung erlebt werden, sondern als Ausdruck von Lebendigkeit.

Der Vermittler schafft diese Räume. Er hält sie offen, auch wenn Spannungen steigen. Er schützt sie, auch wenn alte Muster zurückschlagen. Er vertraut darauf, dass Systeme, wenn sie ernst genommen werden, wenn sie gehört werden, wenn sie in ihrer eigenen Dynamik unterstützt werden, Wege finden können, die tiefer, wahrer, nachhaltiger sind als jede von aussen verordnete Lösung.

In diesem Vertrauen liegt seine grösste Kraft. Er glaubt an die Fähigkeit von Menschen, Beziehungen zu gestalten. An die Fähigkeit von Organisationen, sich selbst zu erneuern. An die Kraft von Gemeinschaften, neue Wege zu finden, auch wenn alte Wege sich als Sackgassen erweisen. Und genau deshalb wird seine Arbeit so wirksam: weil sie nicht aus Kontrolle wächst, sondern aus Vertrauen. Weil sie nicht auf schnellen Erfolg setzt, sondern auf echte, nachhaltige Bewegung. Weil sie nicht äussere Lösungen aufzwingt, sondern innere Kräfte freisetzt. Organisationen, die Vermittlung auf dieser Ebene zulassen, verändern nicht nur ihre Kommunikation. Sie verändern ihr Selbstverständnis. Sie hören auf, sich als Maschinen zu verstehen, die effizient gesteuert werden müssen. Sie beginnen, sich als lebendige Systeme zu begreifen, die Beziehung brauchen, um zu wachsen. Vertrauen brauchen, um zu handeln. Resonanz brauchen, um sich zu entwickeln.

Sie werden zu Orten, an denen Unterschiedlichkeit nicht mehr Angst macht, sondern Vielfalt nährt. An denen Konflikte nicht mehr zerstören, sondern erneuern. An denen Wandel nicht mehr als Bedrohung erlebt wird, sondern als Chance zur Entfaltung.

Und sie werden zu Organisationen, die in einer immer komplexeren, immer dynamischeren Welt nicht nur überleben, sondern gestalten können. Weil sie gelernt haben, Spannungen zu halten, Unsicherheiten zu nutzen, Beziehungen zu stärken.

In dieser neuen Art von Organisation ist der Vermittler nicht mehr der Nothelfer im Krisenfall. Er wird Teil der DNA. Teil der Kultur. Teil des lebendigen Systems, das sich ständig neu findet, neu erfindet, neu gestaltet. Und so wird Vermittlung nicht zu einer Zusatzkompetenz. Sie wird zur Grundlage von Führung, von Entwicklung, von Innovation. Zur Grundlage jedes lebendigen, lernenden, wachsenden Systems. Eine Organisation, die Vermittlung lebt, ist eine Organisation, die Zukunft gestalten kann. Nicht weil sie besser plant. Sondern weil sie besser hört. Nicht weil sie klüger steuert. Sondern weil sie tiefer verbindet. Nicht weil sie stärker kontrolliert. Sondern weil sie lebendiger Beziehungen gestaltet. In ihr wird Wandel nicht gefürchtet, sondern begrüsst. Konflikt nicht unterdrückt, sondern genutzt. Unterschiedlichkeit nicht nivelliert, sondern als Quelle neuer Kraft erlebt.

Und der Vermittler steht in dieser Organisation nicht am Rand. Er steht im Zentrum. Nicht sichtbar vielleicht. Nicht in den Hierarchien. Aber in der Qualität der Beziehungen. In der Tiefe der Gespräche. In der Lebendigkeit der Bewegung. Er ist der stille Hüter jener Räume, in denen Organisationen atmen, wachsen und Zukunft schaffen.

Notizen:

Notizen:

Kapitel 26. Die innere Haltung des Vermittlers – Warum das Unsichtbare wirkt

Es gibt eine Dimension der Vermittlung, die jenseits aller Technik, aller Methodik, aller äusseren Struktur liegt. Eine Dimension, die nicht in Modellen beschrieben, nicht in Schritten abgebildet, nicht in Konzepten gelehrt werden kann. Es ist die Dimension der inneren Haltung. Der unsichtbaren, aber alles bestimmenden Qualität, mit der der Vermittler dem System begegnet, den Menschen begegnet, dem Prozess begegnet. Diese Haltung ist der wahre Boden, auf dem Vermittlung gedeiht oder verdorrt. Und sie ist das, was die tiefste Wirkung entfaltet – leise, unsichtbar, unaufdringlich und doch kraftvoll wie kaum eine äussere Intervention.

Die innere Haltung des Vermittlers ist keine äussere Technik, die antrainiert werden könnte. Sie ist Ausdruck eines inneren Prozesses. Einer langen, nie abgeschlossenen Arbeit an sich selbst. Einer ständigen Verfeinerung des eigenen Bewusstseins. Einer immer tiefer werdenden Bereitschaft, sich selbst nicht ins Zentrum zu stellen, sondern den Raum zu halten für das, was entstehen will.

Diese Haltung beginnt mit der radikalen Präsenz. Der Vermittler ist wirklich da. Nicht mit halbem Geist, nicht mit versteckten Agenden, nicht mit der Ungeduld eines Erwartungsdrucks. Er ist gegenwärtig. Wach. Hörend. Fühlend. Offen. Diese Präsenz allein verändert den Raum. Sie schafft Sicherheit, weil sie Echtheit vermittelt. Sie schafft Tiefe, weil sie Achtsamkeit ausstrahlt. Sie schafft Mut, weil sie Vertrauen atmet.

Radikale Präsenz bedeutet nicht, Lösungen parat zu haben. Sie bedeutet, bereit zu sein, mit dem zu sein, was ist. Auch wenn es

schmerzt. Auch wenn es unklar bleibt. Auch wenn es widersprüch-
lich erscheint. Der Vermittler drängt nicht auf Auflösung. Er hält
die Spannung. Er vertraut auf die Weisheit der Prozesse, auch
wenn sie sich noch nicht zeigen. Diese Haltung verlangt Mut. Mut,
im Nicht-Wissen zu bleiben. Mut, Unsicherheit nicht zu fliehen.
Mut, nicht durch Aktivismus die eigene Angst zu verdecken. Mut,
das System wirklich zu hören – nicht nur in dem, was es sagt, sondern in dem, was es nicht zu sagen wagt.

Die innere Haltung des Vermittlers ist geprägt von tiefer Demut.
Der Vermittler weiss, dass er nicht der Heiler ist, nicht der Retter,
nicht der Held. Er weiss, dass Systeme sich nur selbst verändern
können. Dass echte Bewegung nur aus dem Inneren der Beteiligten erwachsen kann. Er kann Prozesse begleiten. Räume halten.
Resonanzen ermöglichen. Aber er kann Entwicklung nicht machen. Diese Demut bewahrt ihn davor, übergriffig zu werden. Sie
bewahrt ihn davor, die Systeme nach seinem eigenen Bild formen
zu wollen. Sie bewahrt ihn davor, sich selbst zu wichtig zu nehmen. Und gerade in dieser Demut liegt seine grösste Kraft. Denn
Systeme spüren diese Haltung. Sie spüren, ob jemand sie benutzt,
um seine eigene Bedeutung zu erhöhen, oder ob jemand wirklich
im Dienst des Prozesses steht. Sie spüren, ob jemand ihnen Lösungen überstülpen will, oder ob jemand ihnen Raum gibt, eigene
Wege zu finden.

Die innere Haltung des Vermittlers ist eine Haltung des Vertrauens. Vertrauen nicht in bestimmte Ergebnisse, nicht in bestimmte
Abläufe, sondern in die grundsätzliche Fähigkeit lebendiger Systeme, sich zu entwickeln. Vertrauen in die Kraft von Beziehung.
Vertrauen in die Möglichkeit von Verständigung. Vertrauen in das
Lebendige selbst. Dieses Vertrauen ist keine naive Hoffnung. Es ist
eine tiefe, durch Erfahrung gehärtete Zuversicht. Eine Zuversicht,

die auch dann bleibt, wenn Prozesse stocken. Wenn Verständigung misslingt. Wenn Vertrauen erschüttert wird. Der Vermittler bleibt im Vertrauen. Nicht blind. Nicht romantisch. Sondern bewusst. Er bleibt, weil er weiss, dass jeder Bruch, jede Spannung, jede Krise auch die Keimzelle von Entwicklung ist.

Diese Haltung der Präsenz, der Demut, des Vertrauens wird nicht in Worten verkündet. Sie wirkt durch das Sein des Vermittlers. Durch die Art, wie er hört. Wie er schweigt. Wie er spricht. Wie er im Raum ist. Wie er Spannungen hält. Wie er Unsicherheit aushält. Und genau deshalb ist sie so wirksam. Weil sie tiefer wirkt als jede Methode. Tiefer als jede Technik. Tiefer als jede Strategie.

Die Menschen, die in solchen Räumen zusammenkommen, spüren diese Qualität. Vielleicht können sie sie nicht benennen. Aber sie spüren, dass etwas anders ist. Dass mehr möglich ist. Dass sie anders sprechen können. Anders zuhören können. Anders denken können. Und in dieser veränderten Qualität des Raumes wird Veränderung möglich. Nicht als erzwungene Anpassung. Sondern als organische Bewegung. Als lebendige Entwicklung. Als echte Transformation. Die innere Haltung des Vermittlers schafft nicht nur bessere Prozesse. Sie schafft andere Welten. Welten, in denen Vertrauen wachsen kann. In denen Beziehung möglich bleibt. In denen Unterschiedlichkeit gehalten werden kann. In denen Zukunft entstehen kann. Und so wird die innere Haltung nicht zum Beiwerk der Vermittlung. Sie ist ihr Herz. Ihr Puls. Ihre Quelle.

Eine Haltung, die nicht gelehrt werden kann. Sondern nur gelebt. Eine Haltung, die nicht behauptet werden kann. Sondern in jedem Moment neu bewiesen wird. Eine Haltung, die nicht sichtbar sein muss. Und gerade deshalb das Unsichtbare verwandelt. Die innere Haltung des Vermittlers zeigt sich vor allem dann, wenn

Prozesse sich verlangsamen, wenn Spannungen steigen, wenn Konflikte eskalieren, wenn die Hoffnung schwindet. Gerade in diesen Momenten, in denen Systeme zurück in alte Muster fallen, in denen Misstrauen wächst und Angst Räume verengt, wird sichtbar, ob der Vermittler die Tiefe seiner eigenen Arbeit wirklich erreicht hat. Denn dann reicht Technik nicht mehr aus. Dann tragen keine klugen Worte, keine Strategien. Dann trägt nur noch das, was im Vermittler selbst gewachsen ist: seine Fähigkeit, bei sich zu bleiben, während alles um ihn herum in Bewegung gerät.

In der Krise wird die innere Verfasstheit des Vermittlers zur eigentlichen Ressource. Seine Fähigkeit, den Sturm nicht zu fürchten. Seine Fähigkeit, sich nicht in die Dynamik der Systeme hineinziehen zu lassen. Seine Fähigkeit, den Raum des Möglichen offen zu halten, auch wenn der Druck wächst, sich auf eine Seite zu schlagen, schnelle Lösungen zu fordern, Schuldige zu suchen.

Der Vermittler bleibt präsent. Er bleibt offen. Er bleibt verbunden. Nicht weil er keine Angst spürte. Sondern weil er gelernt hat, mit dieser Angst zu sein, ohne ihr die Führung zu überlassen. Er bleibt, weil er den tieferen Rhythmus der Veränderung kennt, der langsamer ist als die hektische Suche nach schnellen Antworten. Er bleibt, weil er weiss, dass wirklicher Wandel nicht erzwungen werden kann, sondern wachsen muss – im eigenen Rhythmus, in der eigenen Zeit, im eigenen Raum. Diese Fähigkeit, zu bleiben, ist die tiefste Form von Mut. Ein Mut, der nicht im Kämpfen liegt, nicht im Überzeugen, nicht im Siegen. Sondern im stillen, kraftvollen Dasein. Ein Mut, der Spannungen nicht fürchtet, sondern sie als Quelle von Energie, von Entwicklung, von Erneuerung erkennt. Ein Mut, der die Komplexität nicht reduziert, sondern sie hält. Der Widersprüche nicht auflöst, sondern sie würdigt. Der Unsicherheit nicht vertreibt, sondern sie gestaltet. Und genau in diesem Dasein wirkt der Vermittler. Nicht, indem er Systeme rettet. Sondern indem er Räume hält, in denen Systeme sich selbst retten können. Nicht, indem er Menschen überredet. Sondern indem er ihnen erlaubt, sich selbst neu zu begegnen. Nicht, indem er Lösungen erzwingt. Sondern indem er Prozesse ermöglicht, in denen Lösungen aus der Tiefe entstehen. Die innere Haltung des Vermittlers ist daher letztlich eine Haltung der Liebe. Nicht im sentimentalen, romantischen Sinne. Sondern in jener tieferen, weiteren Form, in der Liebe bedeutet: das Werden des anderen zu ermöglichen, ohne es zu kontrollieren. Beziehung zu halten, auch wenn sie schmerzt. Präsenz zu bewahren, auch wenn sie nichts garantiert. Vertrauen zu schenken, auch wenn Enttäuschung möglich bleibt.

Diese Liebe ist die stille Kraft, die Vermittlung wirklich macht. Sie ist der Grund, warum Menschen sich öffnen, wo sie sonst verschlossen bleiben würden. Warum Systeme sich bewegen, wo sie sonst verharren würden. Warum Zukunft möglich wird, wo alles nach Wiederholung der Vergangenheit aussieht.

Und sie ist die Kraft, die den Vermittler selbst trägt. In den Momenten der Enttäuschung. In den Momenten des Scheiterns. In den Momenten, in denen Prozesse auseinanderbrechen, in denen Beziehungen zerreissen, in denen Verständigung unmöglich scheint. Diese Liebe bewahrt ihn davor, sich selbst zu verlieren. Sie bewahrt ihn davor, zynisch zu werden. Sie bewahrt ihn davor, die Hoffnung aufzugeben. Denn der Vermittler weiss: Veränderung geschieht nicht immer sichtbar. Nicht immer sofort. Nicht immer nach Plan. Aber sie geschieht. In kleinen Bewegungen. In unsichtbaren Prozessen. In stillen Wandlungen, die irgendwann in der Tiefe der Systeme Früchte tragen. Er weiss, dass jedes gehaltene Gespräch, jede gehaltene Spannung, jeder gehaltene Raum eine Spur hinterlässt. Eine Spur, die nicht immer sofort sichtbar wird, aber die bleibt. Eine Spur, die Beziehungen verändert. Vertrauen ermöglicht. Zukunft öffnet. Und genau deshalb bleibt er. Still. Wach. Verbunden. Nicht als Held. Nicht als Retter. Nicht als Meister der Technik. Sondern als Hüter jener unsichtbaren Kräfte, die Systeme lebendig halten. Als Begleiter jener stillen Bewegungen, die Veränderung möglich machen. Als Architekt jener Räume, in denen das Unmögliche zu wachsen beginnt.

Die innere Haltung des Vermittlers ist keine Technik. Keine Methode. Kein Tool.

Sie ist Sein. Sie ist Präsenz. Sie ist Beziehung. Sie ist die stille, kraftvolle Antwort auf die tiefste Frage jeder Vermittlung:

Wirst du bleiben, auch wenn es schwierig wird?

Wirst du offen bleiben, auch wenn du verletzt wirst?

Wirst du vertrauen, auch wenn alles danach aussieht, als wäre Vertrauen sinnlos?

Und indem der Vermittler diese Fragen in jedem Moment neu beantwortet – nicht mit Worten, sondern mit seinem Dasein –, verändert er die Welt.

Still. Unsichtbar. Und doch unwiderruflich.

Notizen:

Notizen:

Kapitel 27. Grenzen und Möglichkeiten der Vermittlung – Ein realistischer Blick

Vermittlung wird oft romantisiert. Als könnte ein kluges Gespräch alte Feindschaften heilen. Als könnte ein offenes Ohr zerbrochene Systeme reparieren. Als könnte eine kluge Frage verkrustete Strukturen aufbrechen. Doch die Wirklichkeit ist komplexer. Sie ist widersprüchlicher. Und sie ist härter. Vermittlung bewegt sich stets auf einem schmalen Grat zwischen Hoffnung und Grenze. Zwischen Möglichkeit und Scheitern. Zwischen dem, was erreichbar ist, und dem, was sich verweigert. Wer wirklich vermitteln will, muss diese Spannung aushalten. Er muss die Möglichkeiten sehen – und die Grenzen anerkennen. Ohne Zynismus. Ohne Resignation. Ohne naive Hoffnung. Sondern mit der nüchternen Klarheit, die wahre Wirksamkeit erst möglich macht.

Die erste Grenze der Vermittlung ist die Bereitschaft der Systeme selbst. Veränderung kann nicht von aussen erzwungen werden. Verständigung kann nicht implantiert werden wie ein Fremdkörper. Vertrauen kann nicht oktroyiert werden. Systeme, die sich nicht bewegen wollen, lassen sich nicht bewegen. Menschen, die sich nicht öffnen wollen, bleiben verschlossen. Prozesse, die sich nicht entfalten dürfen, ersticken. Der Vermittler kann Räume schaffen. Er kann einladen. Er kann Resonanz ermöglichen. Aber er kann nicht entscheiden. Nicht für andere. Nicht gegen ihren Willen. Veränderung bleibt ein Angebot, keine Zumutung.

Diese Erkenntnis verlangt Demut. Eine Demut, die nicht aufgibt, aber auch nicht erzwingt. Eine Demut, die arbeitet, ohne sich zu identifizieren. Die wirkt, ohne sich abhängig zu machen von sichtbaren Ergebnissen. Der Vermittler bleibt im Angebot. Wach.

Bereit. Geduldig. Und manchmal bleibt nichts anderes, als Räume offen zu halten, auch wenn niemand sie betritt. Die zweite Grenze der Vermittlung ist die Tiefe der Konflikte. Manche Spannungen sind nicht nur Missverständnisse. Manche Konflikte beruhen auf realen Interessenunterschieden, auf unvereinbaren Weltbildern, auf tiefen Verletzungen, die nicht einfach durch Gespräch überwunden werden können. Vermittlung kann hier nicht zaubern. Sie kann Räume schaffen, in denen Konflikte gestaltet werden können. Sie kann helfen, Gewalt zu verhindern, Verhärtungen aufzubrechen, neue Perspektiven zu eröffnen. Aber sie kann nicht garantieren, dass aus jedem Konflikt eine Verständigung wächst. Manchmal bleibt Differenz bestehen. Manchmal bleibt Schmerz unversöhnt. Manchmal bleibt Trennung unausweichlich.

Auch dies anzuerkennen gehört zur inneren Reife des Vermittlers. Zu verstehen, dass das Ziel nicht immer Einigung ist. Sondern manchmal einfach ein würdiger Umgang mit der Differenz. Ein Umgang, der den anderen nicht entmenschlicht. Der die Beziehung nicht in Hass kippen lässt. Der die Tür für zukünftige Verständigung offenhält, auch wenn sie jetzt nicht möglich ist.

Die dritte Grenze der Vermittlung liegt im System selbst. In den unsichtbaren Dynamiken, die Veränderung verhindern. In den Loyalitäten zu alten Mustern. In den Ängsten, die Wandel blockieren. In den Identitäten, die sich definieren durch Abgrenzung, durch Opposition, durch Verhärtung. Der Vermittler kann diese Dynamiken sichtbar machen. Er kann sie würdigen. Er kann sie befragen. Aber er kann sie nicht erzwingen. Systeme ändern sich, wenn sie bereit sind. Nicht, wenn sie dazu gebracht werden. Trotz dieser Grenzen bleibt Vermittlung eine machtvolle Möglichkeit. Vielleicht gerade, weil sie sich ihrer Grenzen bewusst ist. Sie öffnet Räume, wo vorher nur Mauern waren. Sie ermöglicht

Gespräche, wo vorher nur Schweigen war. Sie bringt Bewegung in erstarrte Systeme. Nicht immer sichtbar. Nicht immer sofort. Aber oft nachhaltig. Oft still. Oft tief. Vermittlung wirkt, indem sie das Mögliche hütet. Indem sie Räume offen hält, auch wenn sie leer zu bleiben scheinen. Indem sie Resonanzen ermöglicht, auch wenn sie zaghaft sind. Indem sie Verbindung anbietet, auch wenn sie abgelehnt wird. Indem sie nicht aufgibt, auch wenn Scheitern droht. Und manchmal, in einem Moment, der nicht geplant werden konnte, in einem Gespräch, das zunächst belanglos scheint, in einem Blick, der kaum merklich ist, geschieht Bewegung. Ein kleiner Riss im System. Ein leises Weichwerden. Eine neue Frage. Ein neuer Mut. Und aus dieser kleinen Bewegung kann ein Prozess wachsen, der alles verändert.

Der Vermittler lebt für diese Möglichkeit. Nicht weil er sie garantieren könnte. Sondern weil er weiss, dass ohne sie alles erstarrt. Ohne sie alles sich wiederholt. Ohne sie keine Zukunft entstehen kann. In einer Welt, die zunehmend polarisiert ist, die zwischen Beschleunigung und Verhärtung schwankt, wird diese Fähigkeit, Räume für das Mögliche offen zu halten, zur Schlüsselkompetenz. Nicht nur in politischen Prozessen. Nicht nur in Organisationen. Sondern überall, wo Menschen einander begegnen.

Und so ist Vermittlung mehr als eine Methode. Mehr als ein Beruf. Mehr als eine Dienstleistung. Sie ist eine Haltung. Eine Lebensweise. Eine stille, unaufdringliche, aber machtvolle Arbeit an der Zukunft selbst. Eine Zukunft, die nicht aus der Vermeidung von Konflikten entsteht. Sondern aus der Fähigkeit, mit ihnen zu leben. Sie zu gestalten. Sie zu verwandeln. Eine Zukunft, die nicht auf der Illusion beruht, dass alles harmonisch werden könnte. Sondern auf der realistischen Hoffnung, dass Beziehung möglich bleibt – selbst im Schmerz, selbst in der Differenz, selbst im

Scheitern. Der Vermittler ist der stille Zeuge dieser Möglichkeit. Der Hüter dieses Raumes. Der Begleiter jener Bewegungen, die Zukunft möglich machen. Nicht trotz der Grenzen. Sondern gerade durch sie hindurch.

Notizen:

Notizen:

Kapitel 28. Die Kunst des Raumerhaltens – Vermittlung als schöpferische Kraft

Man spricht oft von der Kraft des Wortes, von der Macht der Sprache, vom Mut der Entscheidung. Aber die tiefste schöpferische Kraft in jedem Vermittlungsprozess liegt in etwas, das schwerer zu greifen ist, schwerer zu benennen, schwerer zu würdigen: in der Kunst des Raumerhaltens. Nicht das, was gesagt wird, verändert Systeme am tiefsten, sondern der Raum, in dem etwas gesagt werden kann. Nicht die Antwort verwandelt, sondern die Stille, die die Antwort möglich macht. Nicht die Intervention löst, sondern die Atmosphäre, in der Lösungen sich selbst finden dürfen. Raumerhalten ist keine passive Zurückhaltung. Es ist eine aktive, bewusste, intensive Form des Daseins. Es ist die Fähigkeit, einen Raum offen zu halten, auch wenn Spannung steigt, auch wenn Unsicherheit wächst, auch wenn Angst zu eskalieren droht. Es ist die Fähigkeit, Gegenwart zu schenken, ohne Kontrolle, ohne Übergriff, ohne Drängen.

Der Vermittler, der diese Kunst beherrscht, wird selbst zum Raum. Nicht im Sinne einer neutralen Leere, sondern im Sinne einer wachen, atmenden, resonanten Präsenz. Er füllt den Raum nicht mit Worten. Er öffnet ihn durch seine Haltung. Durch sein Hören. Durch seine Art, Spannung zu halten, ohne sie abzulehnen. Durch seine Fähigkeit, Unterschiedlichkeit zu ehren, ohne sie einebnen zu wollen. Raumerhalten bedeutet, Spannung auszuhalten, ohne sie zu früh zu lösen. Schmerz zuzulassen, ohne ihn zu dramatisieren. Unsicherheit zu tragen, ohne sie wegzuerklären. Widerspruch zu ehren, ohne ihn aufzulösen. Diese Haltung schafft einen Raum, der mehr ist als physische Anwesenheit. Einen Raum, der inneres

Wachstum ermöglicht. Der neue Möglichkeiten gebiert. Der Entwicklungen atmen lässt. In diesem Raum geschieht Wandel anders als in der Logik der schnellen Intervention. Er geschieht organisch. Aus der Tiefe. Aus der Bewegung, die entsteht, wenn Menschen sich selbst und einander in neuer Weise begegnen können. Wandel, der nicht erzwungen wird, sondern wächst. Nicht gesteuert wird, sondern sich entfaltet. Nicht geplant wird, sondern entsteht.

Diese Form der Veränderung ist leise. Sie ist langsam. Sie ist unsicher. Und genau deshalb ist sie nachhaltig. Systeme, die in einem gehaltenen Raum neue Wege finden, entwickeln nicht nur Lösungen. Sie entwickeln neue Identitäten. Neue Beziehungen. Neue Zukünfte.

Der Vermittler ist in diesem Prozess nicht derjenige, der lenkt. Er ist derjenige, der hält. Der die Bedingungen schafft, unter denen Neues möglich wird. Der den Mut hat, Prozesse sich entwickeln zu lassen, ohne sie zu kontrollieren. Der die Geduld hat, auf die Bewegungen zu warten, die nicht erzwungen werden können. Der die Demut hat, nicht selbst zum Schöpfer werden zu wollen, sondern die schöpferische Kraft des Systems zu vertrauen.

Raumerhalten bedeutet auch, die eigene Bedürftigkeit zu kennen. Die Versuchung zu erkennen, sich durch schnelle Erfolge zu bestätigen. Die Angst zu spüren, wenn Prozesse stagnieren. Die Ungeduld zu bemerken, wenn Veränderung sich nicht sofort zeigt. Und all das nicht in den Prozess einzutragen, sondern in sich selbst zu halten, zu integrieren, zu verwandeln. Nur wer seine eigene Unsicherheit halten kann, kann Räume öffnen, in denen andere ihre Unsicherheit zeigen dürfen. Nur wer seine eigene Angst integrieren kann, kann Räume schaffen, in denen andere sich in ihrer

Angst begegnen können. Nur wer sich selbst nicht aus dem Zentrum heraus retten muss, kann Räume gestalten, in denen andere ihr Zentrum neu finden. In einer Welt, die ständig nach schneller Lösung ruft, die Komplexität fürchtet, die Unsicherheit verdrängt, wird die Kunst des Raumerhaltens zur radikalsten Form von Gestaltung. Sie widersetzt sich der Logik der Effizienz. Sie widersetzt sich der Illusion der Kontrolle. Sie widersetzt sich der Gewalt der schnellen Antworten.

Und gerade deshalb schafft sie jene Räume, in denen wirkliche Transformation möglich wird. Räume, in denen neue Geschichten entstehen. Neue Bilder. Neue Beziehungen. Neue Wirklichkeiten.

Der Vermittler wird in dieser Kunst nicht zum Macher. Er wird zum Hüter. Zum stillen Begleiter der Prozesse, die grösser sind als sein eigener Wille. Tiefer als seine eigenen Pläne. Mächtiger als seine eigenen Konzepte.

Und so wird Raumerhalten zur schöpferischen Kraft schlechthin: zur Kunst, Leben möglich zu machen, wo zuvor nur Überleben war. Begegnung zu ermöglichen, wo zuvor nur Abgrenzung war. Zukunft zu öffnen, wo zuvor nur Wiederholung war.

In dieser Kunst zeigt sich die höchste Form von Vermittlung: nicht im Erreichen eines Ziels, nicht im Erzielen eines Ergebnisses, sondern im Öffnen eines Raumes, in dem das Lebendige sich selbst neu erfinden kann. Ein Raum, der nicht von aussen gestaltet wird. Sondern der aus der Tiefe des Daseins des Vermittlers wächst.

Ein Raum, der nicht durch Worte beschrieben werden kann. Sondern nur durch seine Wirkung spürbar wird. Ein Raum, in dem das Unsichtbare wirkt. Und das Unmögliche beginnt.

Notizen:

Kapitel 29. Vermittlung als Lebensform – Eine Einladung zum Wirken

Es gibt einen Punkt auf dem Weg des Vermittlers, an dem Vermittlung aufhört, eine Methode zu sein, ein Beruf, eine Aufgabe. Sie wird zur Lebensform. Zu einer Weise, in der Welt zu sein, die über konkrete Prozesse hinausweist, über berufliche Rollen, über spezifische Kontexte. Vermittlung wird zu einer inneren Haltung gegenüber der Wirklichkeit selbst. Einer Haltung, die nicht an Bedingungen geknüpft ist, die nicht auf bestimmte Situationen beschränkt bleibt, die nicht davon abhängt, ob man gerade offiziell als Vermittler tätig ist oder nicht. Sie wird zum stillen Grundton des eigenen Daseins.

Vermittlung als Lebensform bedeutet, die Welt immer als Beziehung zu sehen. Nicht als Ansammlung von Dingen. Nicht als Bühne von Interessen. Sondern als lebendiges Gewebe von Begegnungen, von Resonanzen, von Spannungen, aus denen Neues wachsen kann. Der Vermittler lebt in diesem Gewebe bewusst. Er begegnet jedem Menschen als einem Subjekt, das getragen ist von Geschichten, von Verletzungen, von Hoffnungen. Er sieht in jedem Konflikt nicht nur das Problem, sondern die Möglichkeit. Nicht nur die Bedrohung, sondern die Einladung zur Entwicklung.

Diese Sicht verändert die Art, wie man durch die Welt geht. Man hört anders. Man spricht anders. Man schweigt anders. Man begegnet Konflikten nicht mehr mit der reflexhaften Suche nach Schuld oder Verteidigung. Man begegnet ihnen mit der Frage: Was will hier werden? Was will hier neu entstehen? Wo ist der Raum, den ich offenhalten kann? Wo ist die Resonanz, die ich ermöglichen kann? Vermittlung als Lebensform ist eine stille Praxis.

Sie braucht keine grossen Bühnen. Keine offiziellen Rollen. Sie wirkt in Gesprächen, die scheinbar belanglos sind. In Momenten der Stille, die sonst übergangen würden. In kleinen Entscheidungen, in winzigen Gesten, in der Art, wie man zuhört, wie man reagiert, wie man bleibt. Und gerade in dieser Stille liegt ihre grösste Kraft. Denn sie verändert das Feld. Sie verändert die Atmosphäre. Sie verändert die Möglichkeiten, noch bevor Worte fallen, noch bevor Prozesse beginnen, noch bevor Entscheidungen getroffen werden. Der Vermittler als Lebensgestalter wird zum stillen Impulsgeber für Veränderung. Nicht, weil er etwas tut. Sondern weil er etwas ist. Weil seine Präsenz Räume öffnet. Weil seine Haltung Beziehung ermöglicht. Weil seine Art zu sein andere daran erinnert, dass Verständigung möglich ist. Dass Beziehung möglich ist. Dass Zukunft möglich ist.

Diese Lebensform verlangt eine tiefe Arbeit an sich selbst. Eine beständige Übung in Achtsamkeit. Eine unermüdliche Bereitschaft, sich selbst zu hinterfragen. Die eigenen Muster zu erkennen. Die eigenen Ängste zu halten. Die eigene Sehnsucht nach Kontrolle, nach Anerkennung, nach Sicherheit immer wieder loszulassen.

Denn wer Vermittlung wirklich leben will, muss bereit sein, sich immer wieder in die Unsicherheit zu stellen. Muss bereit sein, Spannungen zu halten, die er nicht auflösen kann. Muss bereit sein, Räume zu öffnen, deren Ausgang offen bleibt. Muss bereit sein, Prozesse zu begleiten, deren Erfolg nicht garantiert ist.

Diese Bereitschaft ist keine Selbstverständlichkeit. Sie braucht Mut. Sie braucht Demut. Sie braucht eine tiefe Verwurzelung in einer Quelle, die tiefer ist als das eigene Wollen, das eigene Können, das eigene Wissen. Der Vermittler, der Vermittlung als

Lebensform lebt, schöpft aus einer inneren Quelle, die grösser ist als er selbst. Einer Quelle, die Vertrauen atmet, auch wenn Vertrauen enttäuscht wird. Einer Quelle, die Beziehung trägt, auch wenn Beziehung zerbricht. Einer Quelle, die Zukunft öffnet, auch wenn Hoffnung schwindet. Und genau deshalb wirkt er. Nicht, weil er mächtiger wäre als andere. Sondern weil er verwundbarer ist. Nicht, weil er stärker wäre. Sondern weil er durchlässiger ist. Nicht, weil er mehr weiss. Sondern weil er tiefer hört.

Vermittlung als Lebensform bedeutet, sich selbst als Teil des Prozesses zu begreifen, den man begleitet. Nicht als aussenstehender Beobachter. Nicht als neutraler Dritter. Sondern als lebendiger Teil eines grösseren Feldes, das sich ständig verändert, entwickelt, erneuert.

Man wird selbst Teil der Spannungen. Teil der Unsicherheiten. Teil der Möglichkeiten. Und gerade in dieser Teilhabe liegt die tiefste Form von Führung. Eine Führung, die nicht auf Dominanz setzt, sondern auf Resonanz. Eine Führung, die nicht aus Wissen wächst, sondern aus Beziehung. Eine Führung, die nicht steuert, sondern Räume für Wachstum öffnet.

In einer Welt, die immer komplexer wird, immer schneller, immer verletzlicher, wird diese Form von Führung zur stillen Grundlage jeder gelingenden Zukunft. Nicht die Mächtigsten werden sie gestalten. Nicht die Lautesten. Nicht die Schnellsten.

Sondern die, die Räume halten können. Die, die Beziehung gestalten können. Die, die Unsicherheit tragen können.

Die, die Vermittlung nicht als Technik verstehen. Sondern als Lebensform. Eine Lebensform, die nicht spektakulär ist. Nicht heroisch. Nicht glanzvoll. Aber die in der Tiefe der Beziehungen, in der

Stille der Prozesse, in der Unsichtbarkeit der Bewegungen Zukunft ermöglicht. Eine Zukunft, die nicht durch Kontrolle entsteht.

Sondern durch Vertrauen. Eine Zukunft, die nicht auf Homogenität setzt. Sondern auf die fruchtbare Kraft der Unterschiedlichkeit. Eine Zukunft, die nicht durch den Kampf des Stärkeren entsteht. Sondern durch die leise, machtvolle Arbeit an Beziehung, an Resonanz, an lebendigem Wandel.

Der Vermittler, der diese Lebensform lebt, wird zum Gärtner dieser Zukunft. Nicht durch Eroberung. Sondern durch Pflege. Nicht durch Beherrschung. Sondern durch das stille Ermöglichen von Leben.

Er wird zum Hüter jener Räume, in denen die Welt sich neu erfinden kann.

Immer wieder. Immer tiefer. Immer wahrer.

Notizen:

Notizen:

Notizen:

Kapitel 30. Das Vermächtnis des Vermittlers – Spuren einer stillen Revolution

Die Spuren grosser Revolutionen sind oft laut, sichtbar, dramatisch. Sie prägen Geschichtsbücher, sie hinterlassen Denkmäler, sie verändern Karten und Machtverhältnisse. Aber die tiefste Revolution, die eine Gesellschaft, eine Organisation, eine Gemeinschaft durchlaufen kann, vollzieht sich leise. Unspektakulär. Ohne Paukenschläge. Ohne Schlachtfelder. Es ist die Revolution der Beziehungen. Die Revolution der Verständigung. Die Revolution der inneren Beweglichkeit. Und die Vermittler sind ihre stillen Architekten.

Das Vermächtnis eines Vermittlers lässt sich nicht in Zahlen messen. Nicht in abgeschlossenen Verträgen. Nicht in gewonnenen Verhandlungen. Es zeigt sich in der Art, wie Menschen einander begegnen, lange nachdem die Gespräche verstummt sind. In der Art, wie Systeme Spannungen tragen, ohne zu zerbrechen. In der Art, wie neue Möglichkeiten entstehen, wo früher nur Fronten waren.

Die stille Revolution, die Vermittler wirken, verändert nicht sofort die äusseren Strukturen. Sie verändert die innere Textur von Beziehungen. Sie verändert die Atmosphären, die Haltung, die unsichtbaren Fäden, die Menschen miteinander verbinden oder voneinander trennen. Diese Veränderungen sind schwer zu sehen, schwer zu feiern, schwer zu verteidigen in einer Welt, die auf sichtbare Erfolge fixiert ist. Und doch sind sie es, die Zukunft wirklich möglich machen. Der Vermittler weiss, dass seine grösste Wirkung oft unbemerkt bleibt. Dass seine tiefsten Erfolge nicht in Schlagzeilen münden. Dass sein Vermächtnis in Gesprächen weiterlebt, die andere führen. In Entscheidungen, die andere treffen. In Räumen, die andere offenhalten. In Kulturen, die andere gestalten. Sein Wirken wird Teil eines grösseren Prozesses, der weit über ihn hinausreicht, der sich entzieht, der weiterwirkt, ohne dass sein Name daran haftet.

Und genau darin liegt seine wahre Grösse. Er wirkt nicht für Ruhm. Nicht für Anerkennung. Nicht für den eigenen Triumph. Er wirkt, weil er eine Bewegung unterstützt, die grösser ist als er selbst. Die Bewegung hin zu mehr Beziehung. Mehr Verständnis. Mehr schöpferischer Unterschiedlichkeit.

Diese stille Revolution ist nicht ohne Risiko. Sie fordert Verzicht auf schnelle Siege. Verzicht auf einfache Antworten. Verzicht auf die Sicherheit fertiger Wahrheiten. Sie verlangt, Räume zu öffnen, in denen das Unbekannte Gestalt gewinnen darf. Räume, in denen Wandel aus der Tiefe entsteht, nicht durch äusseren Druck.

Der Vermittler wird zum stillen Zeugen dieser Prozesse. Er wird zum Hüter jener Bewegungen, die sich nur zeigen, wenn der Raum weit genug ist. Wenn die Beziehungen stark genug sind. Wenn die Spannungen gehalten werden können, ohne in Zerstörung umzuschlagen.

Sein Vermächtnis ist die Weite, die er ermöglicht hat. Die Tiefe, die er gehalten hat. Die Bewegung, die er nicht erzwungen, sondern eingeladen hat. Er wird Teil einer Geschichte, die nicht von Siegern und Besiegten erzählt. Sondern von Menschen, die den Mut hatten, einander zu begegnen. Von Systemen, die die Kraft fanden, sich zu erneuern. Von Gemeinschaften, die in der Vielfalt ihre Stärke entdeckten. Und diese Geschichte ist vielleicht die dringendste, die tiefste, die notwendigste Geschichte unserer Zeit. In einer Welt, die sich immer schneller in Lager spaltet. In einer Welt, die Komplexität fürchtet. In einer Welt, die Unsicherheit mit Aggression beantwortet. In einer Welt, in der das Zuhören, das Fragen, das gemeinsame Suchen zu überlebenswichtigen Fähigkeiten werden. Der Vermittler, der in dieser Welt wirkt, schreibt an einer leisen Chronik des Möglichen. An einer Chronik, die nicht von heroischen Gesten lebt, sondern von stillen Entscheidungen. Von gehaltenen Räumen. Von verweilten Momenten des Verstehens. Sein Vermächtnis sind nicht Monumente. Sein Vermächtnis sind Beziehungen. Veränderte Muster. Geöffnete Horizonte.

Und er weiss: Vielleicht wird niemand seinen Namen nennen. Vielleicht wird niemand seinen Beitrag feiern. Vielleicht wird niemand merken, wo und wann die entscheidende Bewegung begann. Aber er weiss: sie wird geschehen. Sie geschieht in jedem Moment, in dem Vertrauen wächst, wo Misstrauen herrschte. In jedem Moment, in dem Gespräch möglich wird, wo Sprachlosigkeit regierte. In jedem Moment, in dem ein System sich entscheidet, Beziehung zu wählen statt Abgrenzung, Dialog statt Eskalation, Offenheit statt Abschottung. Diese Momente sind seine Spuren.

Sie tragen seine Handschrift. Unsichtbar. Unverlierbar. Unwiderruflich. Und so endet der Weg des Vermittlers nicht in einem Triumph. Nicht in einem Abschluss. Sondern in einer stillen, offenen Bewegung. In einer Einladung, die nie verstummt: weiter Räume zu halten. Weiter Beziehung zu gestalten. Weiter Vertrauen zu säen. Weiter Zukunft zu ermöglichen.

Nicht als Ausnahme. Sondern als neue Normalität. Nicht als Technik. Sondern als Lebensweise. Nicht als Held. Sondern als stiller, treuer Begleiter der Bewegung, die alles verwandelt.

Notizen:

Schlusswort:

Die stille Macht des Wirkens

Am Ende dieses Weges steht keine Vollendung. Kein abschliessendes Verstehen. Keine fertige Antwort. Am Ende steht eine Tür, die weiter geöffnet bleibt. Eine Einladung, die weiterklingt. Eine Bewegung, die weiterwirkt.

Vermittlung ist keine abgeschlossene Kunst. Keine Technik, die man beherrschen kann, um dann sicher zu sein. Sie bleibt ein lebendiger Prozess. Ein ständiges Werden. Eine immer neue Herausforderung an den Mut, an die Achtsamkeit, an die Offenheit desjenigen, der sie lebt.

Wer vermittelt, tritt ein in ein Feld, das grösser ist als seine Absicht. Tiefer als sein Wissen. Mächtiger als sein Wollen. Er wird Teil einer Bewegung, die nicht ihm gehört. Die nicht durch ihn entsteht. Die ihn aber braucht – als Hüter des Raumes, als Träger des Vertrauens, als Begleiter des Lebendigen.

Diese Arbeit ist still. Ihre Spuren sind oft unsichtbar. Ihre Erfolge schwer zu greifen. Und doch ist sie das, was die Welt im Innersten zusammenhält. Die Fähigkeit, Unterschiedlichkeit zu gestalten, Spannungen zu tragen, Beziehungen zu ermöglichen, ist keine Nebensache. Sie ist die Grundlage für jedes echte Wachstum, für jede echte Erneuerung, für jede Zukunft, die mehr sein will als die Wiederholung der Vergangenheit.

Wer sich auf diesen Weg begibt, wählt nicht den leichten Weg. Er wählt den Weg der Unsicherheit. Der Geduld. Der immer neuen

Offenheit. Aber er wählt auch den Weg der grössten Kraft. Der tiefsten Wirkung. Der stillsten, aber nachhaltigste Revolution.

Vermittlung ist letztlich nichts anderes als die gelebte Anerkennung, dass wir einander brauchen. Dass wir miteinander verbunden sind, auch wenn wir es leugnen. Dass Veränderung möglich ist, selbst im dicksten Nebel der Angst, selbst in der härtesten Rinde der Verhärtung.

Und so bleibt die Einladung bestehen. Nicht, weil sie laut wäre. Nicht, weil sie sich aufdrängt. Sondern weil sie aus der Tiefe ruft.

Die Einladung, Räume offen zu halten, wo andere schliessen.

Die Einladung, Beziehung zu wagen, wo andere Mauern bauen.

Die Einladung, Zukunft zu ermöglichen, wo andere aufgeben.

Nicht, um gesehen zu werden.

Nicht, um zu siegen.

Nicht, um Geschichte zu schreiben.

Sondern weil es das ist, was das Leben selbst von uns verlangt.

Weil das Wirken des Vermittlers, leise, geduldig, unbeirrbar,

die Welt verändert. Von innen heraus. Von Beziehung zu Beziehung. Von Atemzug zu Atemzug. Bis aus stiller Bewegung eine neue Welt wächst.

Vom Autor: Günther Plamenig

Titel: Der Vermittler

Titel: Der Vorstandberater

Titel: Der Unternehmer der Zukunft

Titel: Die Gemeindeberater

Titel: Der wahre und richtige Geschäftspartner

Titel: Mensch 2.0

Titel: Wer ich wirklich bin?

Titel: Die Sinn-Krise der Moderne
Warum wir alles haben und trotzdem leer sind

Titel: Wie baue ich in einem Jahr ein Millionenunternehmen auf

Titel: Gehirn-Hacking

Titel:100 Jahre jung

Titel: Warum die meisten Beziehungen nach 9 Monaten beendet sind

Titel: Wie moderne Eltern ihre Kinder erziehen sollten

Titel: Wege zum Erfolg

Titel: Der Weg zur ersten Million

Titel: Die Zukunfts-Formel: KI, Persönlichkeit und Business

Titel: Charisma entfesseln

Titel: Der Bauherrenberater Schweiz

Titel: Das Baustellen Handbuch

Titel: Ein Tag in der Zukunft

Titel: Der Präsidentenberater

Titel: Die Wahrheit da draussen – UFOs, Aliens und das Schweigen der Mächtigen

E- Mail: bottomupverlag@gmail.com

Im Buchhandel ausverkauft:

Titel: Wege Zum Erfolg, 1. Auflage jetzt wieder erhältlich unter: bottomupverlag@gmail.com erhältlich!

Preis Sfr. 35.50 inkl. Versand.

Verlag: Bottom up

E- Mail: bottomupverlag@gmail.com

Notizen:

Vielen Dank nochmals, dass du dieses Buch gelesen hast. Ich wünsche dir Erfolg, Motivation und unendliche Lernfreude auf deiner Reise!

Günther Plamenig

Unternehmer, Berater, Coach, Schriftsteller, Visionär

Notizen:

Notizen:

Notizen: